高等职业教育产教融合特色系列教材·汽车类

汽车动力与驱动系统综合分析技术

（活页式教材）

主　编　王海峰
副主编　孙成宁　蔡月萍
参　编　马德军　郭文彬　王芳兰
　　　　赵晓敏　石学林（企业）
主　审　李富香

内容提要

本教材以汽车检测与维修技术专业核心课程汽车发动机构造与维修、汽车底盘构造与维修为主要内容，融合"1+X"汽车运用与维修技术职业技能等级标准中汽车动力与驱动系统综合分析技术模块的知识与技能点要求，结合青海交通职业技术学院汽车工程学院现有实训实习设备进行编写，全书涵盖汽车动力系统检测维修、汽车变速箱系统检测维修、汽车传动系统检测维修、差速器检测维修等4个模块，4个模块包含23个子任务，共融入"1+X"汽车运用与维修技术专业职业技能等级标准知识点177个，技能点177个。

教材采用新型活页式模式编写，每个学习模块前通过任务导读引入单元学习目标，每页书侧都附有学习笔记供学习者标记该页的主要知识及技能要求，便于学习者总结查阅。在每个模块之后，附有学生实训作业单，以供学习者开展实践操作时进行过程记录及总结梳理。本教材主要面向高等院校汽车检测与维修技术专业学生，同时也可以作为高等院校新能源汽车检测与维修技术、汽车技术服务与营销专业学生的专业选修课及拓展课教材。

版权专有　侵权必究

图书在版编目（CIP）数据

汽车动力与驱动系统综合分析技术/王海峰主编
. --北京：北京理工大学出版社，2022.12
　ISBN 978-7-5763-2022-0

Ⅰ. ①汽… Ⅱ. ①王… Ⅲ. ①汽车—动力系统—驱动机构—系统综合—综合分析 Ⅳ. ①U463

中国国家版本馆CIP数据核字（2023）第003491号

责任编辑：王卓然　　　　　**文案编辑**：王卓然
责任校对：周瑞红　　　　　**责任印制**：李志强

出版发行	/　北京理工大学出版社有限责任公司
社　　址	/　北京市丰台区四合庄路6号
邮　　编	/　100070
电　　话	/　（010）68914026（教材售后服务热线）
	（010）63726648（课件资源服务热线）
网　　址	/　http：//www.bitpress.com.cn
版印次	/　2022年12月第1版第1次印刷
印　　刷	/　河北鑫彩博图印刷有限公司
开　　本	/　787 mm×1092 mm　1/16
印　　张	/　15.5
字　　数	/　357千字
定　　价	/　52.00元

图书出现印装质量问题，请拨打售后服务热线，负责调换

前 言

本书是根据教育部最新发布的《高等职业学校专业教学标准》中对课程的要求，并结合"1+X"证书制度试点工作的相关内容，对接职业标准、职业教育国家教学标准体系，按照高等职业院校汽车类专业中汽车动力与驱动系统相关课程开展教学的实际情况和教学需求进行编写的。

随着汽车技术的不断进步以及我国汽车保有量的迅速增加，对车辆维修技能的要求也越来越高。汽车动力与驱动系统技术是汽车维修职业岗位的主要工作之一，为更好地满足广大高等职业院校汽车类专业学生在汽车动力与驱动系统技术方面的学习需求，促进工学结合教学改革，我们与多家汽车企业合作，参考了迈腾、速腾、捷达等车型的原厂技术资料和企业人才标准，经过精心归纳和处理，编写了本书。

本书贯彻习近平新时代中国特色社会主义思想和党的二十大报告精神，落实立德树人根本任务，弘扬传统文化，培养工匠精神，树立学生的社会主义核心价值观，同时，立足行业最新技术发展，以服务产业发展为目标，对接汽车检测与维修技术"1+X"证书，根据汽车专业人才培养目标和证书要求，选取多个模块作为教学项目，真正实现课证融通、书证融通，体现新技术、新工艺、新规范，满足岗位职业能力要求。

本书共分四个项目，包括汽车动力系统检测维修、汽车变速箱系统检测维修、汽车传动系统检测维修、差速器检测维修。本书对汽车动力与驱动系统技术进行了比较系统全面的论述，各任务从理论介绍到任务实施，既叙述了必要的理论知识，又注重与实践技能的充分结合，突出了实用性和可操作性。

本书由青海职业技术大学交通运输工程学院王海峰任主编，孙成宁、蔡月萍任副主编，马德军、郭文彬、王芳兰、赵晓敏、青海物产汽车贸易有限公司石学林参编，青海职业技术大学交通运输工程学院李富香主审。其中王海峰负责教材的总体规划和设计，包括编写提纲、编写内容及编写体例的制定。王芳兰编写项目1中的任务1和任务2，孙成宁编写

项目1中的任务3至任务7，蔡月萍编写项目1中的任务8至任务15，马德军编写项目2中的任务1至任务3，郭文彬编写项目2中的任务4至任务5，赵晓敏编写项目3中的任务1至任务4、项目4，青海物产汽车贸易有限公司石学林参与项目1、项目2、项目3、项目4中的项目案例编写过程。在本书编写过程中，参阅了较多的同类教材、参考文献和相关著作，在此对相关作者表示感谢。

  由于编者水平有限，书中难免存在疏漏之处，敬请广大读者批评指正。

编　者

目　录

项目 1　汽车动力系统检测维修 1

任务 1　气缸盖和配气机构检测维修 2
任务 2　缸体和曲轴活塞组件检测维修 14
任务 3　润滑系统检测维修 24
任务 4　冷却系统检测维修 33
任务 5　燃油供给系统检测维修 44
任务 6　进气系统检测维修 56
任务 7　排气系统检测维修 68
任务 8　起动系统检测维修 77
任务 9　充电系统检测维修 87
任务 10　点火系统检测维修 106
任务 11　曲轴箱强制通风系统检测维修 121
任务 12　废气再循环系统检测维修 127
任务 13　二次空气喷射系统检测维修 131
任务 14　三元催化转换器检测维修 137
任务 15　燃油蒸发排放控制系统检测维修 140

项目 2　汽车变速箱系统检测维修 ··· 145

任务 1　手动变速器换挡机构维修 ··· 146
任务 2　手动变速器齿轮组维修 ··· 151
任务 3　离合器检测维修 ··· 158
任务 4　自动变速器车上检测维修 ··· 165
任务 4.1　自诊断系统功能 ··· 166
任务 4.2　元器件的位置内部因素 ······································· 170
任务 4.3　元器件的检测内部因素 ······································· 174
任务 4.4　执行自诊断内部因素 ··· 181
任务 5　自动变速器车下检测维修 ··· 189
任务 5.1　自动变速器的基本检查 ······································· 190
任务 5.2　分解和组装换挡操纵机构 ····································· 193
任务 5.3　检查和补充自动变速器油（ATF） ····························· 195
任务 5.4　自动变速器机械传动部分 ····································· 197

项目 3　汽车传动系统检测维修 ··· 205

任务 1　万向节检测维修 ··· 206
任务 2　传动轴和中间支承检测维修 ······································· 213
任务 3　主减速器检测维修 ··· 220
任务 4　半轴检测维修 ··· 225

项目 4　差速器检测维修 ··· 230

任务　差速器壳体总成检测维修 ··· 231

参考文献 ··· 239

项目 1

汽车动力系统检测维修

任务导读

一辆瑞纳轿车（手动），打开点火开关发现起动困难，进厂检修。

问题：

1. 引起起动困难的原因有哪些？
2. 如果你是维修人员将如何诊断排除？

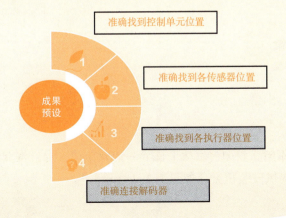

学习目标

知识要求	技能要求
1. 掌握配气机构主要部件拆装、测量的流程和方法； 2. 掌握曲柄连杆机构主要部件拆装、测量的流程和方法； 3. 掌握润滑冷却系统主要部件拆装流程； 4. 掌握燃油蒸发系统主要部件拆装流程； 5. 掌握点火进气系统主要部件拆装、检测的流程和方法； 6. 掌握起动充电系统主要部件拆装、检测的流程和方法； 7. 掌握排气控制系统主要部件拆装、检测的流程和方法	1. 能完成配气机构主要部件拆装、测量任务； 2. 能完成曲柄连杆机构主要部件拆装、测量任务； 3. 能完成润滑冷却系统主要部件拆装任务； 4. 能完成燃油蒸发系统主要部件拆装任务； 5. 能完成点火进气系统主要部件拆装、检测任务； 6. 能完成起动充电系统主要部件拆装、检测任务； 7. 能完成排气控制系统主要部件拆装、检测任务

项目概述

发动机是将热能转换为机械能的机器。其作用是将燃料通过燃烧产生热能，再将热能转换为机械能为汽车运行提供动力。

任务1　气缸盖和配气机构检测维修

知识准备

一、气缸盖

1. 作用

气缸盖的作用是封闭气缸体上部并与活塞顶部、气缸壁共同构成燃烧室，同时，为其他零部件提供安装位置，如图 1-1-1 所示。

2. 结构

现代汽油发动机气缸盖多采用铝合金材质，虽然成本高，但刚度、强度较好，还可以减轻整车质量。气缸盖上有燃烧室，进、排气门座，气门导管，进、排气道，火花塞安装导管，润滑油道和冷却水道等（图1-1-2）。

图1-1-1　气缸盖的作用

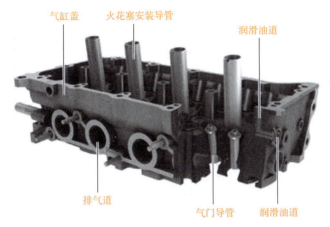

图1-1-2　气缸盖的结构

3. 燃烧室的类型

气缸盖是燃烧室的组成部分。燃烧室的类型（图1-1-3）对发动机工作状态影响很大。

(a)

(b)

(c)

图1-1-3　燃烧室的类型

（a）半球形；（b）楔形；（c）盆形

4. 气缸垫的作用

气缸垫安装在气缸盖与气缸体之间，其作用是保证气缸盖与气缸体接触面的密封，防止漏气、漏水和漏油（图 1-1-4）。

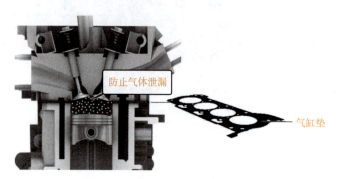

图 1-1-4　气缸垫的作用

5. 气缸盖的检查

（1）气缸盖平面度检查。将气缸盖翻过来，刀形样板尺放到气缸盖下表面，用塞尺检查气缸盖的平面度（图 1-1-5）。气缸盖的平面度最大不得超过 0.1 mm。若超过最大极限值，则应予以修理或更换。

气缸盖的拆装检测

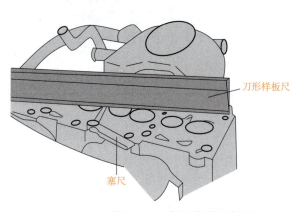

图 1-1-5　气缸盖平面度检查

（2）气缸体与气缸盖裂纹的检查。气缸体与气缸盖裂纹的检查一般采用水压试验法：在 0.3～0.4 MPa 压力下，保持约 5 min，应没有任何渗漏现象。

二、配气机构

配气机构由气门组和气门传动组两部分组成（图 1-1-6）。其作用是按照发动机各气缸工作顺序和工作循环的要求，定时开启和关闭进、排气门，使可燃混合气或空气进入气缸，并使废气从气缸内排出，实现换气过程。为提高发动机的性能，对换气过程的要求是排气彻底，进气充分，换气损失小。

图 1-1-6　配气机构

1. 基础概述

（1）按气门的布置位置分类。气门可分为气门侧置式和气门顶置式（图 1-1-7）。气门侧置式由于气门布置在同一侧，导致燃烧室结构不紧凑、热量损失大、进气道曲折、进气阻力大，使发动机性能下降，已趋于淘汰。现代轿车发动机基本上采用气门顶置式。

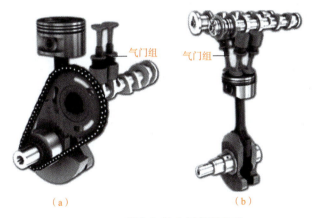

图 1-1-7　按气门的布置位置分类
(a) 气门侧置式；(b) 气门顶置式

（2）按凸轮轴的布置位置分类。凸轮轴可分为凸轮轴上置式、凸轮轴中置式和凸轮轴下置式。其中，现代轿车多采用凸轮轴上置式配气机构（图 1-1-8）。其特点是凸轮轴在气缸盖上，正时带传动或链条传动，不需推杆，摇臂和摇臂轴可有可无，凸轮轴与气门距离近，使往复运动的惯量减少。

（3）按曲轴和凸轮轴的传动方式分类。配气机构可分为正时带传动、链条传动和齿轮传动三种类型，如图 1-1-9 所示。现代轿车发动机一般采用正时带传动或链条传动。

图 1-1-8　凸轮轴上置式配气机构

配气机构的组成及作用

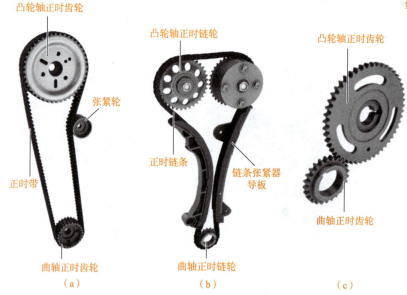

图 1-1-9　按曲轴和凸轮轴的传动方式分类

（a）正时带传动；（b）链条传动；（c）齿轮传动

三种传动方式的特点如下：

①齿轮传动：凸轮轴下置、中置式配气机构大多采用圆柱正时齿轮传动、斜齿轮（啮合平稳，减少噪声和磨损）。

②链条传动：工作可靠性和耐久性不如齿轮传动。

③正时带传动：减少噪声、减轻结构质量、降低成本。

（4）按每个气缸的气门个数分类。气门可分为二气门式、三气门式、四气门式和五气门式，如图 1-1-10 所示。现代轿车发动机一般采用四气门式或五气门式。

图 1-1-10　按每个气缸的气门个数分类

（a）二气门式；（b）四气门式；（c）五气门式

（5）配气相位。理论上进气、压缩、做功、排气各占180°（图1-1-11），即进、排气门都是在上、下止点开闭，延续时间都是曲轴转角180°。但实际表明，简单的配气相位对实际工作是很不适用的。其原因如下：

①气门的开、闭有个过程。气门流通面积由小到大。

②气体惯性的影响：导致进、排气流量由小到大。

③曲轴转速很高，活塞每一行程历时都很短。

配气相位

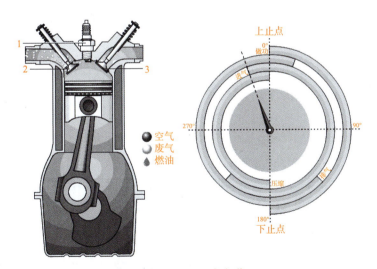

图 1-1-11　配气相位

1—火花塞；2—排气门；3—进气门

理论上的配气相位不能满足发动机进饱排净的要求。因此，实际的配气相位都是进、排气门提前打开，延迟关闭。

①配气相位：用曲轴转角表示的进、排气门的实际开闭时刻和开启的持续时间。

②配气相位图：用曲轴转角的环形图表示的配气相位。

③配气相位对发动机工作的影响：影响发动机的动力性、功率。

④配气相位对发动机工作的要求：延长进、排气时间。进气门早开晚关，排气门早开晚关。

2. 气门组的组成及要求

（1）组成。气门组由气门、气门座、气门导管、气门弹簧、气门弹簧座及气门锁环等组成（图 1-1-12）。

（2）要求。

①气门头部与气门座贴合严密；

②气门导管与气门杆上下运动有良好的导向；

③气门弹簧的两端面与气门杆的中心线相垂直；

④气门弹簧的弹力足以克服气门及其传动件的运动惯性。

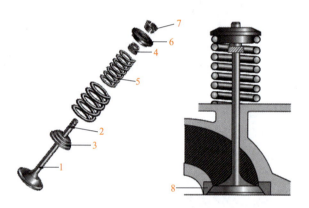

图 1-1-12　气门组

1—气门；2—气门导管；3—气门弹簧下座圈；4—气门油封；5—气门弹簧；
6—气门弹簧座；7—气门锁环；8—气门座

3. 气门组的主要零部件

（1）气门导管。气门导管的作用是为气门的运动导向（图 1-1-13），保证气门做直线往复运动，使气门与气门座正确贴合；气门导管还起导热作用，将气门杆的热量传递给气缸盖。为了防止气门导管在使用过程中松脱，将内外圆柱面经加工后压入气缸盖的气门导管孔中，再精铰内孔。气门杆与气门导管之间一般留有 0.05～0.12 mm 的间隙，使气门杆能在气门导管中自由运动。

（2）气门密封锥面。气门头部与气门座接触的工作面称为气门密封锥面。该密封锥面与气门顶平面的夹角称为气门锥角，如图 1-1-14 所示。

（3）气门弹簧。气门弹簧的作用是关闭气门，靠弹簧张力使气门紧紧压在气门座上，克服气门和气门传动组所产生的惯性力，防止气门的跳动，保证气门的密封性。气门弹簧一般采用圆柱形螺旋弹簧，如图 1-1-15 所示，为了防止弹簧发生共振，可采用变螺距圆柱形弹簧。安装时，内外弹簧的螺旋方向应相反，以防止折断的弹簧圈卡入另一个弹簧圈内。

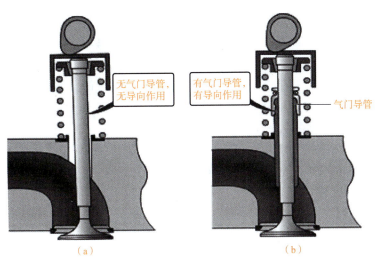

图 1-1-13 气门导管的作用

（a）无气门导管；（b）有气门导管

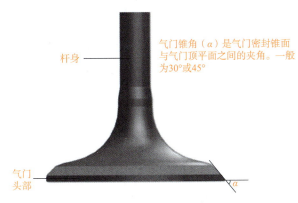

图 1-1-14 气门锥角

气门组的拆装

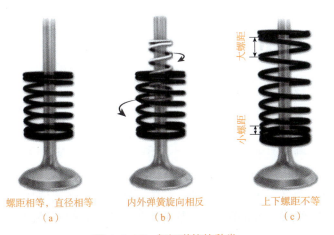

图 1-1-15 气门弹簧的种类

（a）圆柱形螺旋弹簧；（b）双弹簧；（c）变螺距圆柱形弹簧

4. 气门传动组概述

气门传动组按配气相位的规定控制气门的开闭,并保证进、排气门有一定的开度。它由凸轮轴、凸轮轴正时齿轮、挺柱、摇臂、摇臂轴、推杆等组成。

(1)凸轮轴。凸轮轴驱动和控制各缸气门的开启与关闭,使其符合发动机的工作顺序、配气相位和气门开度的变化规律等要求。工作条件是承受气门间歇性开启的冲击载荷。

凸轮轴的拆装检测

(2)挺柱。挺柱的作用是将凸轮轴的推力传递给推杆或气门杆,并承受凸轮轴旋转时所施加的侧向力。挺柱可分为普通机械式挺柱和液压式挺柱两种,如图1-1-16所示。

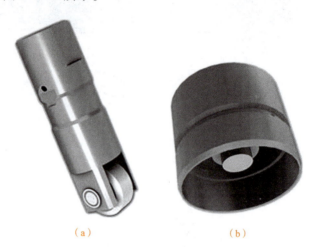

图1-1-16 挺柱
(a)普通机械式挺柱;(b)液压式挺柱

(3)气门间隙。为保证气门关闭严密,通常发动机在冷态装配时,在气门杆尾端与气门驱动零件(摇臂、挺柱或凸轮轴)之间留有适当的间隙。

在冷态时无间隙或间隙过小,而在热态时,气门及其传动件的受热膨胀势必引起气门关闭不严,造成发动机在压缩和做功行程中漏气,而使功率下降,严重时甚至不易起动。气门间隙过小时,甚至会造成活塞打顶的严重故障,因此,要进行周期性的气门间隙的调整;气门间隙过大时,气门不能及时开启、关闭,影响发动机的充气效率和排气情况,使燃烧恶化,在运转时也会听到较大的噪声。发动机长期使用会造成零部件的磨损,此时要调整。气门间隙的调整原则与方法如下:

①气门间隙的调整原则:气门在完全关闭的情况下,才能调整气门间隙,即挺柱(或摇臂)必须落在凸轮轴的基圆上才可调整。

②气门间隙的调整方法——两遍法:在生产实践中,普遍地采用两遍法调整气门间隙,即第一缸压缩到上止点时,调整所有气门的半数,再摇转曲轴一周,便可调整其余半数气门。

学习笔记

任务实施

学生实训作业单

项目 1 汽车动力系统检测维修 任务 1 气缸盖和配气机构检测维修		总学时：85 实训学时：12
姓名：	学号：	班级：
实训日期：		指导教师：
任务要求： 通过该任务的实施，能够对轿车发动机气缸盖和配气机构进行正确的拆装和常见故障的检修		
一、安全操作及注意事项		
二、选用的工具		
三、资料、信息查询		
1. 气缸盖的作用、结构 2. 配气机构的组成、功用		

续表

四、拆装步骤和检修内容

1. 故障现象

2. 拆装步骤

3. 检修内容

五、结果分析及维修建议

考核评价

"1+X"职业技能气缸盖和配气机构的故障检修 – 评分细则【中级】

项目 1	汽车动力系统检测维修		日期:	
姓名:		班级:	学号:	指导教师签字:
自评 □熟练　□不熟练		互评 □熟练　□不熟练	师评 □熟练　□不熟练	
任务 1　气缸盖和配气机构检测维修				

序号	考核要点	评分标准	分值	评分要求	自评	互评	师评
1	准备/7S 管理	1. 能进行工位 7S 操作； 2. 能进行设备和工具安全检查； 3. 能进行车辆安全防护工作； 4. 能进行工具清洁、校准、存放操作； 5. 能进行三不落地操作	15	未完成1项扣3分，扣分不得超过15分			
2	专业技能能力	1. 能使用仪器读取发动机控制模块相关故障码及数据流，分析故障原因，制订维修方案； 2. 能使用仪器设备拆装检测故障，分析故障原因，制订维修方案； 3. 能诊断气缸盖和配气机构异常故障，分析故障原因，制订维修方案； 4. 能正确排除故障	50	未完成1项扣5分，扣分不得超过50分			
3	工具及设备的使用能力	1. 能正确选用拆装工具； 2. 能规范使用测量工具； 3. 能安全、规范操作车辆	10	未完成1项酌情扣1～4分，扣分不得超过10分			
4	资料、信息查询能力	1. 能正确使用维修手册查询资料； 2. 能在规定时间内查询所需资料； 3. 能正确记录所查询资料； 4. 能正确记录所需维修信息	10	未完成1项酌情扣1～4分，扣分不得超过10分			
5	数据判读和分析的能力	1. 能判断蓄电池性能状况； 2. 能判断起动系统控制电路状况	10	未完成1项扣5分，扣分不得超过10分			
6	表单填写与报告的撰写能力	1. 字迹清晰； 2. 语句通顺； 3. 无错别字； 4. 无涂改； 5. 无抄袭	5	未完成1项扣1分，扣分不得超过5分			
	得分						
	总分						

任务2 缸体和曲轴活塞组件检测维修

知识准备

一、气缸体

1. 结构

气缸体上部有一个或数个为活塞在其中运动作导向的圆柱形空腔，称为气缸，下部为支撑曲轴的曲轴箱。内部有供润滑油通过的油道和供冷却液循环的水套等。气缸体解剖图如图1-2-1所示。

2. 分类

（1）根据冷却方式不同可分为水冷式和风冷式。

（2）根据气缸排列方式不同可分为直列、V形、对置式。

（3）根据气缸结构形式不同（图1-2-2）可分为无气缸套式（整体式）、湿气缸套式和干气缸套式。其中，整体式气缸体有上下两个平面，用以安装气缸盖和下曲轴箱。

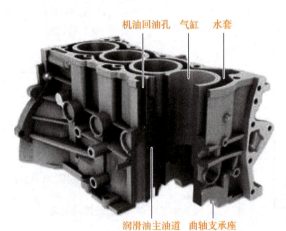

图1-2-1 气缸体解剖图

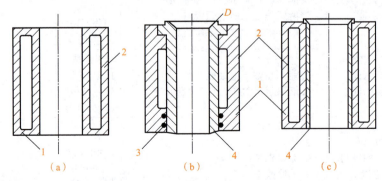

图1-2-2 气缸的形式

（a）整体式；（b）湿气缸套式；（c）干气缸套式
1—气缸体；2—冷却水套；3—阻水圈；4—气缸套

（4）根据气缸体与油底壳安装平面位置不同可分为一般式、龙门式和隧道式（图 1-2-3）。

①一般式：油底壳安装平面和曲轴旋转中心在同一高度；
②龙门式：油底壳安装平面低于曲轴的旋转中心；
③隧道式：气缸体上曲轴的主轴承孔为整体式。

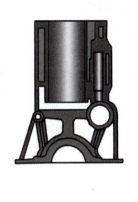  

（a） （b） （c）

图 1-2-3 气缸体类型

（a）一般式；（b）龙门式；（c）隧道式

3. 气缸磨损的测量

（1）使用刻度范围在 50～200 mm 的量缸表，在气缸内三个位置进行横向（A 向）、纵向（B 向）垂直测量。

（2）气缸磨损后尺寸的测量（图 1-2-4）。

气缸磨损量的检测

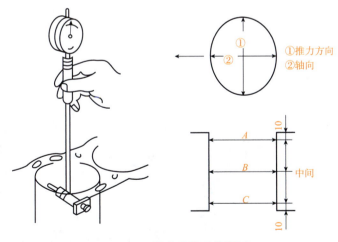

图 1-2-4 气缸磨损量的检测

①工具：量缸表、外径千分尺。
②方法：在气缸的上、中、下三个不同高度及气缸的纵向和横向两个方向的六个

部位，十字交叉地测量气缸直径。根据测量结果计算圆度误差、圆柱度误差和最大磨损量。

二、活塞连杆组件

活塞连杆组件承受气缸中可燃混合气燃烧后产生的作用力，并将此力通过活塞销传给连杆，以推动曲轴旋转。活塞连杆组件由活塞、活塞环、活塞销、连杆、连杆轴承和连杆轴承盖等主要机件组成，如图1-2-5所示。

活塞的结构及检测

1. 活塞

活塞承受气体压力，并通过活塞销和连杆驱使曲轴旋转。活塞分为活塞顶部、头部和裙部三部分（图1-2-6）。

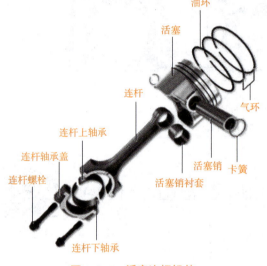

图1-2-5 活塞连杆组件

图1-2-6 活塞

2. 活塞环

活塞环是具有弹性的开口环，分为气环（图1-2-7）和油环（图1-2-8）。

图1-2-7 气环

图1-2-8 油环

（1）气环。气环保证气缸与活塞之间的密封性，防止漏气，并把活塞顶部吸收的大部分热量传给气缸壁，再由冷却水将其带走。其作用如下：

①密封：防止气缸内的气体窜入油底壳。

②传热：将活塞头部的热量传给气缸壁。

③辅助刮油、布油。

（2）油环。油环的主要作用是刮除飞溅到气缸壁上多余的机油，并在气缸壁上涂布一层均匀的油膜。常用的有整体式和组合式。

①整体式：其外圆上切有环形槽，槽底开有回油用的小孔或窄槽。

②组合式：由上、下刮油片和产生径向、轴向弹力的衬簧组成。

（3）活塞环的三个间隙。发动机工作时，活塞和活塞环都会发生热膨胀。活塞环既要相对于气缸做往复运动，又要相对于活塞做横向移动。因此，活塞环在环槽内应留有三个间隙，即端隙（开口间隙）（图1-2-9）、侧隙和背隙（图1-2-10）。

活塞环三隙的检测

①端隙：端隙又称为开口间隙，是活塞环装入气缸内磨损量最小处的活塞环开口间隙。如果端隙过大，会使气缸漏气量增加；如果端隙过小，活塞环受热后膨胀可使活塞环两端顶住，造成气缸壁擦伤或活塞环本身断裂。为了减少气体泄漏，装环时，各道活塞环口应相互错开一定角度，以获得较长的迷宫式的漏气路线，增加漏气阻力，减少漏气量。

②侧隙：侧隙又称为边隙，是活塞环环高方向上与环槽之间的间隙。

③背隙：背隙是活塞及活塞环装入气缸后，活塞环背面与环槽底部之间的间隙，油环的背隙比气环大，目的是增大存油间隙，以利于减压泄油。

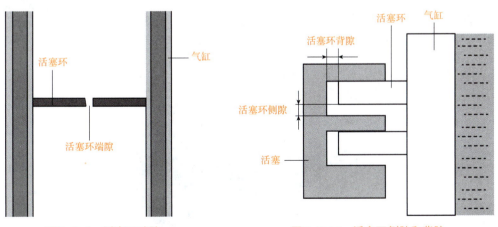

图1-2-9 活塞环端隙　　　图1-2-10 活塞环侧隙和背隙

3. 活塞销

活塞销在高温下承受很大的周期性冲击载荷，润滑条件较差（一般靠飞溅润滑），要求有足够的刚度和强度，表面耐磨，质量尽可能小。因此，活塞销通常制成空心圆柱体（图1-2-11）。

图 1-2-11 活塞销及其活塞座孔和连杆小头的连接方式

(a) 活塞环；(b) 全浮式连接；(c) 半浮式连接

三、曲轴

曲轴（图 1-2-12）将活塞连杆组件传来的气体压力转变为转矩对外输出，还用来驱动发动机的配气机构及其他各种辅助装置。

曲轴的构造及拆装

图 1-2-12 曲轴的结构

曲轴在工作时，要承受周期性变化的气体压力、惯性力和离心力的共同作用，承受弯曲和扭转等交变载荷。因此，曲轴应有足够的抗弯曲、抗扭转的疲劳强度和刚度；轴颈应有足够大的承压表面和耐磨性；曲轴的质量应尽量小；对各轴颈的润滑应该充分。

1. 曲轴轴承

曲轴轴承也称为主轴承（图 1-2-13），俗称大瓦，安装在缸体的主轴承孔内，其作用是保护曲轴主轴颈和机体的主轴承孔。上轴承瓦上有油道孔，工作时能将机体上的压力润滑油引入主轴颈。除比连杆轴承稍大外，其他结构与连杆轴承相同。

图 1-2-13　主轴承与止推垫片

2. 止推垫片

止推垫片也称为止推瓦或止推轴承（图 1-2-13），一般只在中间主轴颈上安装，其作用是限制曲轴的轴向位移量（俗称轴向间隙），防止曲轴与机体摩擦。

3. 曲轴扭转减振器

曲轴扭转减振器可吸收曲轴扭转振动的能量，使曲轴转动平稳、可靠工作。曲轴扭转减振器有橡胶式（车用）、硅油式、摩擦片式等种类。

4. 飞轮

飞轮的作用是在做功行程中将传输给曲轴的一部分动能储存起来，用以在其他行程中克服阻力，带动曲柄连杆机构越过上、下止点，保证曲轴的旋转速度和输出转矩尽可能均匀，并将发动机的动力传给离合器，如图 1-2-14 所示。

飞轮的作用与结构

图 1-2-14　飞轮的作用
（a）未安装飞轮；(b）安装飞轮

飞轮的结构如图 1-2-15 所示。它是一个转动惯量很大的圆盘，在外缘上，压有一个起动用的齿圈，在发动机起动时与起动机齿轮啮合，带动曲轴旋转。在保证有足够转动惯量的前提下，尽可能减少飞轮质量，应使飞轮的大部分质量都集中在轮缘上，因而轮缘通常做得宽而厚。

图 1-2-15　飞轮的结构

5. 曲轴飞轮组的损伤与检修

（1）曲轴的常见损伤。

①轴颈磨损：曲轴主轴颈和连杆轴颈的磨损是不均匀的，且磨损部位有一定的规律性。

②弯扭变形：所谓曲轴弯曲，是指主轴颈的同轴度误差大于 0.05 mm。

③裂纹：曲轴的裂纹多发生在曲柄与轴颈之间的过渡圆角处及油孔处。

曲轴的检测

（2）曲轴的检修。检验项目主要如下：

①裂纹的检验；

②变形的检验；

③磨损的检验。

曲轴轴颈磨损的检修：先检视轴颈有无磨痕和损伤，再测量主轴颈和连杆轴颈的圆度误差和圆柱度误差。对曲轴短轴颈的磨损以检验圆度误差为主，对长轴颈则必须检验圆度误差和圆柱度误差。

任务实施

学生实训作业单

项目 1 汽车动力系统检测维修		总学时：85
任务 2 缸体和曲轴活塞组件检测维修		实训学时：17
姓名：	学号：	班级：
实训日期：		指导教师：
任务要求： 通过该任务的实施，能够对轿车发动机缸体和曲轴活塞组件进行检测并对其常见故障进行诊断、分析，然后给出维修建议		
一、安全操作及注意事项 		
二、选用的工具 		

续表

三、资料、信息查询
1. 缸体的作用、结构
2. 曲轴活塞组件的工作原理
四、诊断步骤和检测结果
1. 故障现象
2. 诊断步骤
3. 检测结果
五、检测结果分析及维修建议

学习笔记

考核评价

学生考核报告表

级别：	工作领域：	师评结果：
学生：	工作任务：	□合格　　□不合格
学号：	职业技能：	

一、学习内容

二、学习目标

三、技能知识要求

四、学习难点

五、学习过程		
教师指点作业要点记录	学习应用资源记录	学习目标设定

学习笔记

"1+X"职业技能缸体和曲轴活塞组件检测维修 – 评分细则【中级】

项目 1 汽车动力系统检测维修		日期：	
姓名：	班级：	学号：	指导教师签字：
自评 □熟练 □不熟练	互评 □熟练 □不熟练	师评 □熟练 □不熟练	

任务 2 缸体和曲轴活塞组件检测维修							
序号	考核要点	评分标准	分值	评分要求	自评	互评	师评
1	准备/7S 管理	1. 能进行工位 7S 操作； 2. 能进行设备和工具安全检查； 3. 能进行车辆安全防护工作； 4. 能进行工具清洁、校准、存放操作； 5. 能进行三不落地操作	15	未完成1项扣3分，扣分不得超过15分			
2	专业技能能力	1. 能正确拆装缸体； 2. 能正确分解曲轴活塞组件； 3. 能正确检测缸体、曲轴、活塞等各部件； 4. 能根据检测结果对照标准值进行正确分析； 5. 能正确得出检测结果	50	未完成1项扣3分，扣分不得超过50分			
3	工具及设备的使用能力	1. 能正确选用拆装工具； 2. 能规范使用测量工具； 3. 能安全、规范操作车辆	10	未完成1项酌情扣1～3分，扣分不得超过10分			
4	资料、信息查询能力	1. 能正确使用维修手册查询资料； 2. 能在规定时间内查询所需资料； 3. 能正确记录所查询资料； 4. 能正确记录所需维修信息	10	未完成1项酌情扣1～3分，扣分不得超过10分			
5	数据判读和分析的能力	1. 能正确判断各部件状况； 2. 能正确分析各部件性能	10	未完成1项酌情扣1～5分，扣分不得超过10分			
6	表单填写与报告的撰写能力	1. 字迹清晰； 2. 语句通顺； 3. 无错别字； 4. 无涂改； 5. 无抄袭	5	未完成1项扣1分，扣分不得超过5分			
		得分					
		总分					

任务 3　润滑系统检测维修

知识准备

润滑系统组成及工作原理

一、润滑系统的组成及机油流动路线

1. 润滑系统的组成

润滑系统一般由机油泵、油底壳、机油滤清器、机油散热器、各种阀、传感器和机油压力指示灯等组成。图 1-3-1 所示为桑塔纳 AJR 型发动机润滑系统示意。油底壳内的润滑油经机油集滤器滤掉粗大的机械杂质后，被机油泵压入机油滤清器后分三路送出。

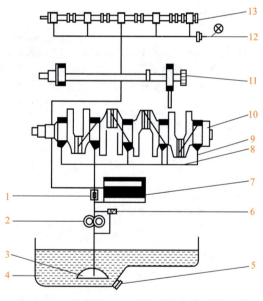

图 1-3-1　桑塔纳 AJR 型发动机润滑系统示意

1—旁通阀；2—转子式机油泵；3—机油集滤器；4—油底壳；5—放油螺塞；
6—溢流阀；7—机油滤清器；8—气缸体主油道；9—气缸体分油道；10—曲轴；
11—活塞组；12—气缸盖主油道端压力开关；13—凸轮轴

2. 机油流动路线

如图 1-3-2 所示为机油流动路线框图。

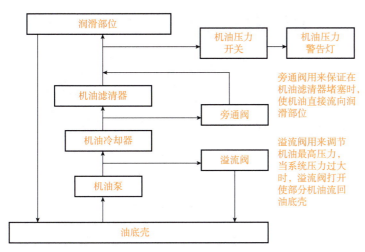

图 1-3-2　机油流动路线框图

二、机油泵的结构与原理

机油泵一般安装在气缸体下部，由发动机曲轴直接驱动，将机油直接输送到发动机各运动部件接触面。机油泵常见结构有如下两种。

1. 齿轮式机油泵

如图 1-3-3 所示，齿轮式机油泵由主动轴、主动齿轮、从动轴、从动齿轮、安全阀、壳体等组成，两个齿数相同的齿轮相互啮合，安装在壳体内，齿轮与壳体的径向和端面间隙很小。主动轴与主动齿轮键连接，从动齿轮空套在从动轴上。工作时，主动齿轮带动从动齿轮反向旋转。两齿轮旋转时，充满在齿轮齿槽间的机油沿油泵壳壁由进油腔运动到出油腔，在进油腔一侧由于齿轮脱开啮合以及机油被不断带出而产生真空，使油底壳内的机油在大气压力作用下经机油集滤器进入进油腔，而在出油腔一侧由于齿轮进入啮合和机油被不断带入而产生挤压作用，机油以一定压力被泵出。

图 1-3-3　齿轮式机油泵的结构

2. 转子式机油泵

如图 1-3-4 所示，转子式机油泵由壳体、内转子、外转子和泵盖等组成。内转子用键或销子固定在转子轴上，由曲轴齿轮直接或间接驱动，内转子和外转子中心的偏心距为 e，内转子带动外转子一起沿同一方向转动。内转子有 4 个凸齿，外转子有 5 个凹齿，这样内、外转子同向不同步地旋转。转子齿形齿廓设计得要使转子转到任何角度时，内、外转子每个齿的齿形廓线上总能互相成点接触。这样内、外转子间形成 4 个工作腔，随着转子的转动，这 4 个工作腔的容积是不断变化的。在进油道的一侧空腔，由于转子脱开啮合，容积逐渐增大，产生真空，机油被吸入，转子继续旋转，机油被带到出油道的一侧，这时，转子正好进入啮合，使这一空腔容积减少，油压升高，机油从齿间挤出并经出油道压送出去。随着转子的不断旋转，机油就不断地被吸入和压出。

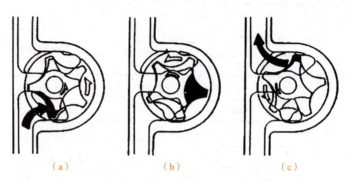

图 1-3-4　转子式机油泵的结构

（a）吸进机油；（b）输送机油；（c）压送机油

三、润滑系统常见故障及原因分析

润滑系统常见故障有机油压力过低、机油压力过高、机油消耗异常等。

1. 机油压力过低

（1）故障现象。发动机冷车起动后，机油压力表指示值过低，正常温度和转速下，机油压力表指示值始终低于规定值。

（2）故障原因。机油油量不足；机油黏度太低；限压阀弹簧失效或调整不当；机油滤清器旁通阀弹簧失效；机油泵齿轮磨损；机油滤清器堵塞；曲轴主轴承、连杆轴承或凸轮轴轴承间隙过大；机油压力表或传感器失效；润滑系统内、外管路或管接头泄漏。

（3）故障诊断与排除。

①若发现机油压力过低或为零时，则应立即停车熄火，以免发生机件烧毁事故。

②检查油底壳内机油量及机油品质。油量不足，应添加；油质变坏，应更换。

③检查机油压力传感器的导线是否松脱。若连接良好，在发动机运转时，拧松机油压力传感器或主油道螺塞；若机油从连接螺纹孔处喷出有力，则机油压力表或其传感器故障。

④若主油道机油喷出无力，应立即熄火，检查机油集滤器、机油泵、限压阀、粗滤器滤芯是否堵塞及旁通阀是否打开困难，各进出油管、油道及油堵是否漏油。

⑤若以上检查均正常，则应检查曲轴轴承、连杆轴承或凸轮轴轴承的间隙是否过大。

2. 机油压力过高

（1）故障现象。发动机在正常温度和转速下，机油压力表读数高于规定值；运转中，机油压力表读数突然增高；机油冲裂机油压力传感器或机油滤清器盖等。

（2）故障原因。机油黏度过大；限压阀失效或调整不当；气缸体油道、机油粗滤器堵塞且旁通阀开启困难；机油压力表或其传感器工作不良；曲轴主轴承、连杆轴承或凸轮轴轴承的间隙过小。

（3）故障诊断与排除。

①检查机油黏度、限压阀；大修后的发动机应检查主轴承、连杆轴承或凸轮轴轴承间隙。

②机油压力突然增高，未见其他异常，应检查压力传感器及导线是否搭铁。

③接通点火开关，机油表即有压力指示，应检查机油压力表、传感器是否完好。

3. 机油消耗异常

（1）故障现象。机油消耗异常（>0.1～0.5 L/100 km）；排气管冒蓝烟。

（2）故障原因。活塞与缸壁间隙过大；活塞环方向装反、对口、卡滞或磨损过多；进气门导管磨损过多或进气门杆油封损坏；曲轴箱通风不良；机体密封不良，润滑油向外渗漏。

（3）故障诊断与排除。

①检查机体外部是否有漏油。

②检查、清理曲轴箱通风装置。

③若排气管明显冒蓝烟，则对发动机进行二级维护，拆检曲柄连杆、配气机构等。

④气压制动汽车，若储气筒严重积油，则空气压缩机活塞、活塞环、缸壁磨损过多。

四、润滑系统主要部件的拆装

1. 油底壳的拆装

所需的专业工具和维修设备：扭力扳手（5～50 N·m）、机油回收装置、六角扳手、平刮刀、普通刮刀、密封剂、清除剂、护目镜。

（1）油底壳拆卸。

①排放发动机机油。

②拆卸多楔皮带。

③拆下空调压缩机插头1，如图1-3-5所示。

④拧出空调压缩机的固定螺栓。

⑤吊起空调压缩机，制冷剂管路仍保持连接。

⑥拧下油底壳与变速箱相连的螺栓。

⑦按照图1-3-6所示19～1的顺序松开螺栓并拧出。

图1-3-5 空调压缩机位置示意

图1-3-6 油底壳螺栓示意

⑧小心地将油底壳下部从粘接面上松开。
⑨取下防油挡板。

（2）油底壳安装。

①在密封面上喷涂密封剂、清除剂并让清除剂作用一段时间。
②用一把平刮刀清除气缸体上的密封剂残余物。
③清除油底壳上的残余物。
④清除密封面的机油和油脂。
⑤在油底壳干净的密封面上涂敷密封剂条。
⑥检查定位销是否固定在气缸体上。
⑦将防油挡板安装在气缸体上。
⑧安装油底壳并拧紧螺栓。
⑨安装油底壳与变速箱相连的螺栓，并用扭力扳手拧紧。

2. 机油泵的拆装

所需的专业工具和维修设备：扭力扳手（5～50 N·m）。

（1）机油泵拆卸。

①拆下多楔皮带张紧装置。
②拆卸三相交流发电机。
③拆卸正时齿形皮带。
④拆卸油底壳。
⑤拆卸机油压力调节阀 N428。
⑥如图 1-3-7 所示，沿箭头方向取下正时皮带轮 1。
⑦拆下螺栓，取下导向轮。
⑧如图 1-3-8 所示，按对角顺序拧出 1～8，小心地将密封法兰/机油泵从粘接面上取下。

图 1-3-7　正时皮带轮位置示意

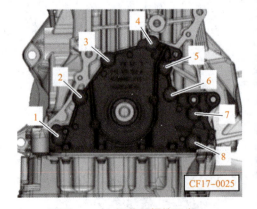

图 1-3-8　机油泵螺栓示意

（2）机油泵安装。

①清除气缸体和密封法兰/机油泵上的残余密封剂。

②清除密封面的油脂。
③将密封垫安装到气缸体的定位销上。
④安装密封法兰／机油泵，使密封法兰／机油泵上的凹槽与曲轴上的凸缘对齐，并小心地安装到定位销上。
⑤标准力矩对角拧紧螺栓 1～8，安装油底壳并加注机油。

3. 机油压力传感器的拆装

所需的专业工具和维修设备：扭力扳手（5～50 N·m）、方向套筒扳手，24-FT4 0175G／转接头 V.A.G1322/11。

（1）机油压力传感器拆卸。
①拔下插头，如图 1-3-9 所示。
②使用扭力扳手和方向套筒扳手拧出机油压力传感器 G10。

（2）机油压力传感器安装。以倒序进行，安装过程中注意下列事项：
①更换密封环。
②为防止机油泄漏，立即将新的机油压力传感器拧紧。
③检查机油油位。

图 1-3-9　机油压力传感器插头位置示意

任务实施

学生实训作业单

项目1　汽车动力系统检测维修	总学时：85
任务3　润滑系统检测维修	实训学时：4

姓名：	学号：	班级：
实训日期：		指导教师：

任务要求：
通过该任务的实施，能够对轿车润滑系统主要部件进行拆装与检修

一、安全操作及注意事项

续表

二、选用的工具

三、资料、信息查询

1. 机油流动路线图

2. 润滑系统常见故障现象、原因及诊断方法

四、润滑系统主要部件拆装与检测

1. 机油泵拆装检测

2. 机油压力传感器拆装检测

五、检测结果分析及维修建议

考核评价

学生考核报告表

级别：	工作领域：	师评结果：
学生：	工作任务：	□合格 □不合格
学号：	职业技能：	

一、学习内容

二、学习目标

三、技能知识要求

四、原理策略

五、学习难点

六、学习过程

教师指点作业要点记录	学习应用资源记录	学习目标设定

"1+X"职业技能汽车润滑系统检测维修 – 评分细则【中级】

项目1	汽车动力系统检测维修		日期：	
姓名：	班级：		学号：	指导教师签字：
自评 □熟练 □不熟练	互评 □熟练 □不熟练		师评 □熟练 □不熟练	
任务3 润滑系统检测维修				

序号	考核要点	评分标准	分值	评分要求	自评	互评	师评
1	准备/7S/态度	1. 能进行工位7S操作； 2. 能进行设备和工具安全检查； 3. 能进行车辆安全防护操作； 4. 能进行工具清洁、校准、存放操作； 5. 能进行三不落地操作	15	未完成1项扣3分，扣分不得超过15分			
2	专业技能能力	作业1： 1. 能正确拆装油底壳； 2. 能正确拆装、清洁机油集滤器； 3. 能正确拆装驱动传动带及传动机构； 4. 能正确拆装正时传动带及传动机构； 5. 能正确拆装机油泵； 6. 能正确拆装机油压力传感器。 作业2： 1. 能正确查询润滑系统结构图； 2. 能正确查询润滑系统拆装步骤	50	未完成1项扣5分，扣分不得超过50分			
3	工具及设备的使用能力	1. 能正确使用维修工具； 2. 能正确使用正时拆装工具； 3. 能正确使用多功能万用表	10	未完成1项扣5分，扣分不得超过10分			
4	资料、信息查询能力	1. 能正确使用维修手册查询资料； 2. 能在规定时间内查询所需资料； 3. 能正确记录所查询资料的章节及页码； 4. 能正确记录所需维修信息	10	未完成1项扣5分，扣分不得超过10分			
5	数据判读和分析的能力	1. 能判读部件名称和位置； 2. 能分析机油压力传感器是否正常	10	未完成1项扣5分，扣分不得超过10分			

续表

序号	考核要点	评分标准	分值	评分要求	自评	互评	师评
6	表单填写与报告的撰写能力	1. 字迹清晰； 2. 语句通顺； 3. 无错别字； 4. 无涂改； 5. 无抄袭	5	未完成1项扣1分，扣分不得超过5分			
		得分					
		总分					

任务 4　冷却系统检测维修

一、冷却系统的组成及各部件的作用

1. 冷却系统的组成

如图 1-4-1 所示，冷却系统一般由散热器，水泵，冷却风扇，气缸盖、气缸体水套，节温器，散热器进、出水软管，膨胀水箱，溢流管，补偿管等组成。

图 1-4-1　冷却系统示意

2. 冷却系统各部件的作用

（1）散热器。散热器俗称水箱，安装在发动机前的车架横梁上。其主要作用是散热。冷却液经过散热器后，其温度可降低 10～15 ℃。散热器一般用铜或铝制成，在散热器后面装有风扇与其配合工作。散热器主要由上/下水箱、散热器芯和散热器盖等组成。在上、下水箱上分别装有进水管和出水管，它们分别用软管与发动机气缸盖上的出水管口及水泵的进水管口连接。上、下水箱上常设有放水开关。

（2）水泵。水泵也称冷却液泵，作用是对冷却液加压，使冷却液在冷却系统内循环流动。水泵一般安装在发动机前端，通常与风扇一起用带轮同轴驱动。

（3）膨胀水箱。膨胀水箱的作用是减少冷却液的损失，当冷却液温度升高、体积膨胀时，散热器中多余的冷却液流入膨胀水箱中；而当冷却液温度降低时，体积收缩，散热产生一定真空，膨胀水箱中的冷却液又被吸回到散热器中。同时，散热器上的水箱可以做得小些，这样冷却液损失很少，驾驶员也不必经常检查冷却量。

（4）节温器。节温器的作用是根据发动机冷却液温度的高低，打开或关闭冷却液通向散热器的通道，保证发动机在最适宜的温度下工作。

（5）冷却风扇。冷却风扇的作用是吸进空气，加速冷却液的冷却，从而增强散热器的散热能力，同时，对发动机其他附件也有一定的冷却作用。

节温器的结构与检修

冷却风扇的结构与检修

二、冷却系统的工作原理

冷却液在冷却系统内的循环流动路线有两条：一条为大循环；另一条为小循环。大循环是当冷却液温度过高时，水经过散热器而进行的循环流动；小循环是当冷却液温度过低时，水不经过散热器而进行的循环流动，从而使冷却液温度升高。冷却系统的大、小循环流量通常利用节温器来控制。节温器安装在冷却液循环的通路中（一般安装在气缸盖的出水口），根据发动机负荷大小和冷却液温度的高低自动改变水的循环流动路线，以达到调节冷却系统的冷却强度。

冷却系统的结构与工作原理

1. 小循环

当冷却液温度低于 70 ℃时，节温器阀门关闭通往散热器的管道，同时打开通往水泵的旁通管，冷却液经水泵增压后，从发动机水套壁周围流过并从水套壁吸热而升温，然后向上流入气缸盖水套，从气缸盖水套壁吸热之后流经节温器，经小循环水管返回发动机体水套，此时发动机冷却系统进行小循环。如图 1-4-2 所示冷却液的流动路线为水泵→缸套→出水口→小循环水管→水泵。

2. 大循环

当冷却液温度高于 80 ℃时，节温器阀门打开通往散热器的通道，同时关闭通往水泵的旁通管，冷却液经节温器及散热器进水软管流入散热器，在散热器中，冷却液向流过散热器周围的空气散热而降温，最后冷却液经散热器出水软管返回水泵，形成大循环。如图 1-4-3 所示冷却液的流动路线为散热器→水泵→发动机缸套→出水管→节温器→散热器。

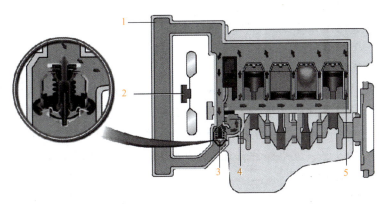

图 1-4-2　冷却系统小循环示意

1—散热器；2—风扇；3—节温器；4—水泵；5—水套

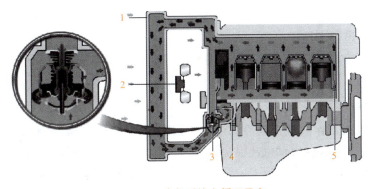

图 1-4-3　冷却系统大循环示意

1—散热器；2—风扇；3—节温器；4—水泵；5—水套

3. 混合循环

当冷却液温度为 70～80 ℃时，通往散热器的通道和水泵的旁通管道均处于半开闭状态，此时一部分水进行大循环，而另一部分水进行小循环。

三、冷却系统常见故障及原因分析

冷却系统常见故障有水温过高、水温过低、冷却液渗漏等。

1. 发动机水温过高

（1）故障现象。运行中的汽车，在百叶窗完全打开的情况下，冷却液温度表指针经常指在 100 ℃以上，且散热器伴随有"开锅"现象；燃烧室内出现"炽热点"。

（2）故障原因。

①节温器泄漏或装反，冷却水只进行小循环。

②风扇转速上不去。
③电控风扇作用时间过短。
④风扇皮带过松。
⑤缸体水套内水垢过多。
⑥冷却水循环量过少。
⑦冷却液不足。
⑧混合气过稀或过浓：当混合气过稀时，燃烧速度慢，在做功行程中燃烧放出的热量增加，会导致发动机过热；当混合气过浓时，由于汽油成分过多氧气过于不足，会导致燃烧不完全、排气消声器持续放炮并冒黑烟、发动机功率下降且耗油量增加。
⑨点火时间过迟、过早都会引起发动机过热，燃烧室积炭过多、严重超载等多种原因也会造成发动机过热。
⑩缸盖垫破损或缸盖破裂，大量的高温气体进入冷却器，也会导致发动机过热。

2. 发动机水温过低

（1）故障现象。百叶窗不能完全关闭或冬季保温装置不良引起冷却系统水温过低。
（2）故障原因。
①在机械方面主要表现为节温器黏结卡滞在开启位置，不能闭合，使冷却液始终进行大循环。
②在电气方面主机表现为发动机冷却液温度传感器工作不良，信号不准确，造成无快怠速、散热风扇工作时间长等。

冷却系统常见
故障诊断

3. 发动机冷却液渗漏

冷却系统在工作时应充满冷却液。如果冷却系统缺少5%～7%容积的冷却液，冷却循环停止。行驶时发动机会很快因过热而损坏。通常，冷却液蒸发仅是冷却液损失的一小部分，所有冷却液损失中至少有一半是渗漏掉，其余的一半中的大部分是沸腾和通过散热器溢流管流失，因此冷却液最多的损失是由于渗漏或通过溢流管流失。冷却液渗漏主要有外渗和内渗两种形式。

（1）外渗的主要原因。水箱芯子上下水槽及溢流管上有裂纹；出水口或进水口接头接缝处破裂；上下水槽或芯子在支撑处磨损；水管腐蚀穿孔；放水开关放水塞或气孔塞松动或损伤；橡胶软管损伤，软管夹箍及接头松脱或损伤；取暖器管子的螺纹接头松脱；水管腐蚀破裂或松脱；泵壳松动或垫片损坏；节温器壳松动或垫片损坏。外渗冷却液滴落在地上易于发现，便于及时查找排除，不至于造成太大的危害。

（2）内渗的主要原因。气缸盖紧固螺栓松动或垫片破损；缸体和缸盖接合面翘曲；水套铸件裂纹或缩孔；气缸盖螺栓松动。内渗不易发现，会引起严重的后果，造成因缺水而发动机过热的危险。冷却液泄入燃烧室，在发动机停止工作时注满燃烧室，当起动发动机时，活塞向上运动可能使气缸盖、活塞或气缸破裂，或造成连杆弯曲。冷却液进入曲轴箱与发动机的运动部件接触，会使所有内部零件的表面形成一层黏结层，增加了摩擦阻力并引起锈蚀，造成恶劣的后果。冷却液进入油底壳会使机油变质，还会与机油混合形成油淤，引起润滑失效，黏结活塞环和气门，引起过度磨损及更大的发动机故障。

四、冷却系统主要部件的拆装

1. 冷却液管的拆装

所需的专业工具和维修设备：直径 $\phi 25$ mm 的软夹管 F3094G、弹簧卡箍钳 FVS5024AG。

（1）冷却液管拆卸。

①打开冷却液膨胀罐的密封盖，如图 1-4-4 箭头所示。

②用软管夹 F3094G 夹紧冷却液软管。

③松开软管卡箍，拆卸冷却液管 3 的固定螺栓 1 和 2，如图 1-4-5 所示。

④取下冷却液管 3。

图 1-4-4　发动机冷却液膨胀罐结构

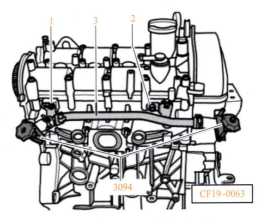

图 1-4-5　发动机冷却管路示意

1、2—螺栓；3—冷却液管

（2）冷却液管安装。以倒序进行，安装过程中注意下列事项：

①用标配的软管卡箍固定所有软管连接。

②检查冷却液液位。

③螺栓拧紧力矩为 8 N·m。

2. 冷却液泵的拆装

所需的专业工具和维修设备：车间起重机收集盘 VAS6208、弹簧卡箍钳 FVS6340G、冷却系统加注装置 FVS6096G、冷却系统检测仪转接头 FVG1274/8T、转矩扳手（4～20 N·m）。

水泵的拆装检测

（1）冷却液泵拆卸。

①排出冷却液，拆卸空气滤清器。

②如图 1-4-6 所示，脱开线束固定卡（箭头 A 和箭头 B），拧出螺栓 1 和 2，取下冷却液齿形皮带盖罩 3。

③按照 5～1 的顺序松开螺栓并拧出，如图 1-4-7 所示。

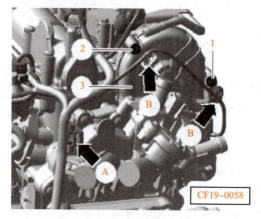

图1-4-6 线束固定卡位置示意

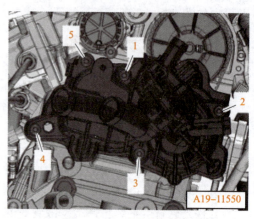

图1-4-7 冷却液泵示意

④取下冷却液泵和齿形皮带。

（2）冷却液泵安装。

①气缸置于上止点处。

②对中放上齿形皮带，接着将冷却液泵置于安装位置。

③用固定螺栓将冷却液泵固定在气缸上。

④按照正确顺序预拧紧螺栓，拧紧力矩为 12 N·m。

⑤重新松开所有螺栓一圈，在冷却液泵上安装转矩扳手和内六角转接头，按照正确顺序拧紧到规定值 12 N·m。

3. 冷却液温度传感器的拆装

（1）冷却液温度传感器拆卸。

①冷却发动机。

②短时打开冷却液膨胀罐的密封盖，以卸除冷却系统内的剩余压力，接着拧紧密封盖，直至密封盖卡止。

③脱开冷却液温度传感器 G62 的连接插头。

④拧出螺栓1，拔下冷却液温度传感器 G62，如图 1-4-8 所示。

（2）冷却液温度传感器安装。以倒序进行，安装过程中注意下列事项：

①更换 O 形环。

②检测冷却液液位。

③按照规定力矩拧紧螺栓。

4. 散热器的拆装

所需的专业工具和维修设备：车间起重机收集盘 VAS6208、弹簧卡箍钳 FVS5024AG、转矩扳手（5～50 N·m）。

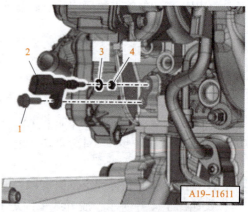

图1-4-8 冷却液温度传感器位置示意

1—螺栓；2—冷却液温度传感器 G62；
3—O 形环；4—支撑环

（1）散热器拆卸。
①排出冷却液。
②将锁支架置于维修位置。
③拆卸风扇护罩。
④松开弹簧卡箍，将冷却液软管1和2从散热器上脱开，如图1-4-9所示。

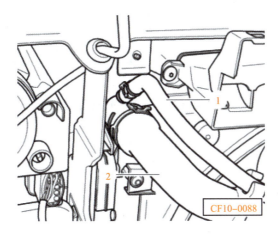

图1-4-9　冷却液软管位置示意

⑤拆卸散热器/冷凝器与前围支架的连接螺栓。
⑥将散热器/冷凝器上部向发动机舱内推，并将其从下部定位套中拔出。
⑦拧出散热器和冷凝器的连接螺钉，拧紧力矩为5 N·m。
⑧拧下冷凝器支架的螺钉，如图1-4-10箭头所示。

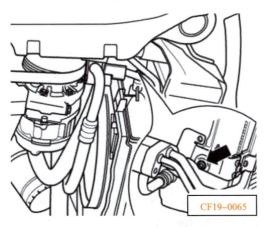

图1-4-10　冷凝器支架位置示意

（2）散热器安装。以倒序进行，安装过程中注意下列事项：
①安装风扇护罩。
②安装锁支架。
③添加冷却液。

散热器的结构与检修

任务实施

学生实训作业单

项目1 汽车动力系统检测维修		总学时：85
任务4 冷却系统检测维修		实训学时：3
姓名：	学号：	班级：
实训日期：		指导教师：

任务要求：
通过该任务的实施，能够对轿车冷却系统主要部件进行拆装与检修

一、安全操作及注意事项

二、选用的工具

三、资料、信息查询

1. 冷却液循环路线

2. 冷却系统常见故障现象、原因及诊断方法

续表

四、冷却系统主要部件拆装与检测
1. 冷却液泵拆装检测
2. 水温传感器拆装检测
3. 节温器拆装检测
五、检测结果分析及维修建议

考核评价

学生考核报告表

级别：	工作领域：	师评结果：
学生：	工作任务：	□合格　　□不合格
学号：	职业技能：	

一、学习内容

二、学习目标

三、技能知识要求

四、原理策略

五、学习难点

六、学习过程		
教师指点作业要点记录	学习应用资源记录	学习目标设定

"1+X"职业技能汽车冷却系统检修 – 评分细则【中级】

项目 1 汽车动力系统检测维修		日期:	
姓名:	班级:	学号:	指导教师签字:
自评 □熟练 □不熟练	互评 □熟练 □不熟练	师评 □熟练 □不熟练	

任务 4 冷却系统检测维修

序号	考核要点	评分标准	分值	评分要求	自评	互评	师评
1	准备 /7S/ 态度	1. 能进行工位 7S 操作; 2. 能进行设备和工具安全检查; 3. 能进行车辆安全防护操作; 4. 能进行工具清洁、校准、存放操作; 5. 能进行三不落地操作	15	未完成1项扣3分,扣分不得超过15分			
2	专业技能能力	作业 1: 1. 能正确拆装水泵; 2. 能正确拆装水管; 3. 能正确拆装节温器; 4. 能正确拆装水温传感器; 5. 能正确拆装冷却风扇; 6. 能正确拆装散热器。 作业 2: 1. 能正确查询冷却系统结构图; 2. 能正确查询冷却系统拆装步骤; 3. 能正确测量水温传感器电阻变化; 4. 能正确查询螺栓转矩规格	50	未完成1项扣5分,扣分不得超过50分			
3	工具及设备的使用能力	1. 能正确使用维修工具; 2. 能正确使用正时拆装工具; 3. 能正确使用多功能万用表	10	未完成1项扣5分,扣分不得超过10分			
4	资料信息查询能力	1. 能正确使用维修手册查询资料; 2. 能在规定时间内查询所需资料; 3. 能正确记录所查询资料的章节及页码; 4. 能正确记录所需维修信息	10	未完成1项扣5分,扣分不得超过10分			
5	数据判读和分析的能力	1. 能判读部件名称和位置; 2. 能分析水温传感器电阻是否正常	10	未完成1项扣5分,扣分不得超过10分			

学习笔记

续表

序号	考核要点	评分标准	分值	评分要求	自评	互评	师评
6	表单填写与报告的撰写能力	1. 字迹清晰； 2. 语句通顺； 3. 无错别字； 4. 无涂改； 5. 无抄袭	5	未完成1项扣1分，扣分不得超过5分			
得分							
总分							

任务5 燃油供给系统检测维修

知识准备

一、燃油供给系统的组成与工作过程

1. 燃油供给系统的组成

如图 1-5-1 所示，电喷发动机的燃油供给系统主要由油箱、电动燃油泵、燃油滤清器、压力调节器、喷油器、冷起动喷油器、输油管、回油管等组成。

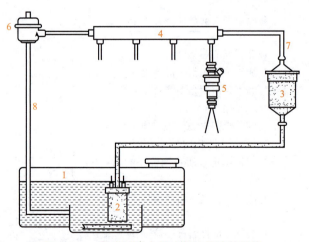

图 1-5-1 桑塔纳轿车燃油供给系统的结构

1—油箱；2—电动燃油泵；3—燃油滤清器；4—燃油分配管；5—喷油器；
6—压力调节器；7—输油管；8—回油管

2. 燃油供给系统的工作过程

电动燃油泵将燃油从油箱内吸出，经燃油滤清器过滤后，由压力调节器调压后经输油管、燃油分配管（单点喷射没有分配管）送至喷油器、冷起动喷油器。喷油器根据 ECU 发出的指令，将适量的燃油喷至进气歧管或进气管（单点式），多余的汽油从燃油压力调节器经回油管流回到油箱。

二、燃油供给系统主要部件结构与工作原理

1. 电动燃油泵的结构与工作原理

（1）叶轮式电动燃油泵。叶轮式电动燃油泵主要由燃油泵电动机、涡轮泵、出油阀、卸压阀等组成，如图 1-5-2 所示。燃油泵电动机通电时，燃油泵电动机驱动涡轮泵叶轮旋转，由于离心力的作用，使叶轮周围小槽内的叶片贴紧泵壳，将燃油从进油室带往出油室。由于进油室的燃油不断被带走，所以形成一定的真空度，将燃油从进油口吸入；而出油室燃油不断增多，燃油压力升高，当达到一定值时，则顶开出油阀经出油口输出。出油阀还可在油泵不工作时阻止燃油流回油箱，保持油路中有一定的残余压力，便于下次起动。

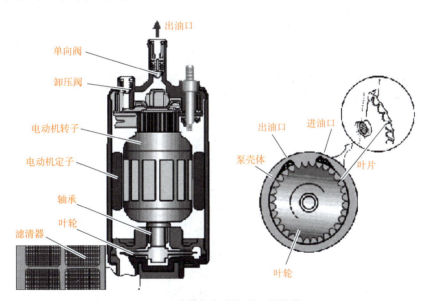

图 1-5-2 叶轮式电动燃油泵的结构

（2）滚柱式电动燃油泵。滚柱式电动燃油泵主要由燃油泵电动机、滚柱泵、出油口、安全阀等组成，如图 1-5-3 所示。发动机工作时，永磁电动机驱动偏心转子旋转，转子凹槽内的滚柱在离心力的作用下压在泵体的内表面上，从而在两个相邻的滚柱之间形成一个空腔。随着转子旋转，一部分空腔的容积不断增大成为低压空腔，将燃油从进油口吸入，而另一部分空腔的容积不断减少成为高压油腔，将燃油从出油口泵出。在进油端内设有限压阀，当泵腔内油压过高超过油压界限时，泵腔内燃油便顶开限压阀倒流回进油口。在出油端设有单向阀，以防电动燃油泵停止运转时供油管中的燃油

倒流回泵腔,保持供油管路中有一定的剩余压力,以便下次发动机起动时能迅速泵油。

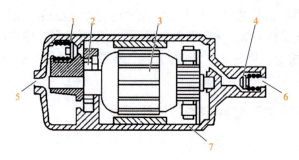

图 1-5-3　滚柱式电动燃油泵的结构

1—安全阀；2—滚柱泵；3—驱动电动机；4—止回阀；5—进油口；6—出油口；7—壳体

2. 电磁喷油器的分类与工作原理

（1）电磁喷油器的分类。电磁喷油器可分为轴针式电磁喷油器和球阀式电磁喷油器。

①轴针式电磁喷油器。电磁喷油器安装在燃油分配管上,轴针式电磁喷油器主要由燃油滤网、电磁线圈、针阀阀体、针阀阀座、复位弹簧、O 形密封圈等组成,如图 1-5-4 所示。O 形密封圈起密封作用,密封圈 1 防止燃油泄漏,密封圈 7 防止漏气。燃油滤网用于过滤燃油中的杂质。轴针制作在针阀阀体上,阀体上端安装一根复位弹簧,当喷油器停止工作时,弹簧弹力使阀体复位,针阀关闭,轴针压靠在阀座起到密封作用,防止燃油泄漏。在燃油分配管上,设有喷油器专用的安装支座,支座为橡胶成型件,起到隔热作用,防止喷油器中的燃油产生气泡,有助于提高发动机的热起动性能。

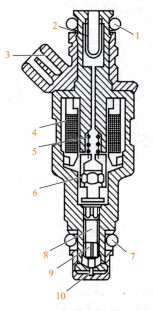

喷油器的拆装检测

图 1-5-4　轴针式电磁喷油器的结构

1、7—O 形密封圈；2—燃油滤网；3—线束插座；4—电磁线圈；5—复位弹簧；
6—衔铁；8—针阀阀体；9—针阀阀座；10—轴针

②球阀式电磁喷油器。球阀式电磁喷油器的结构与轴针式电磁喷油器基本相同，主要区别在于阀体结构不同，如图1-5-5所示。球阀式电磁喷油器的阀体由球阀、导杆和弹簧座组成，其导杆为空心结构。轴针式电磁喷油器的阀体采用的是针阀，为了保证阀体轴移动时不发生偏移和阀门密封良好，必须具有较长的导杆，因此质量较大；球阀式电磁喷油器的球阀具有自动定心作用，无须较长导杆，因此质量较小，且具有较好的密封性能。

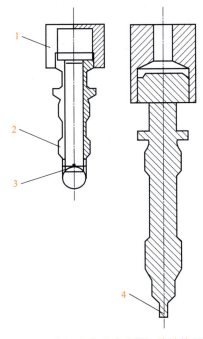

图1-5-5　球阀式电磁喷油器阀体结构示意

1—弹簧座；2—导杆；3—球阀；4—针阀

（2）电磁喷油器的工作原理。当喷油器的电磁线圈接通电流时，线圈中会产生电磁吸力吸引针阀阀体。当电磁吸力大于复位弹簧的弹力时，阀体使弹簧压缩而上升（上升行程很小，一般为0.1～0.2 mm）。阀体上升时，针阀（球阀或片阀）随阀体一同上升，针阀（球阀或片阀）离开阀体时，阀门被打开，燃油便从喷孔喷出，喷出燃油的形状为小于35°的圆锥雾状。由于燃油压力较高，因此喷出燃油雾化较好。当喷油器的电磁线圈电流切断时，电磁吸力消失，阀体在复位弹簧的弹力作用下复位，针阀（球阀或片阀）回落到阀座上将阀门关闭，喷油停止。

3. 燃油压力调节器的结构与工作原理

如图1-5-6所示，当发动机工作时，电动燃油泵在单位时间内将一定量的燃油输入供油总管，其中一小部分由喷射器喷入进气歧管形成可燃混合气，绝大部分则向上顶开膜片和球阀，经回油管流回油箱。因此，供油总管内的油压大小取决于膜片和球阀的升程的

燃油压力调节器的结构与工作原理

大小,并最终取决于膜片上、下两侧的压力,下侧受燃油压力,上侧受弹簧和进气歧管真空度的作用,并且二者之间保持平衡。当上侧的真空度发生变化时,燃油压力也随之而变化,时刻保持:燃油压力=弹簧压力+进气歧管真空度产生的力。

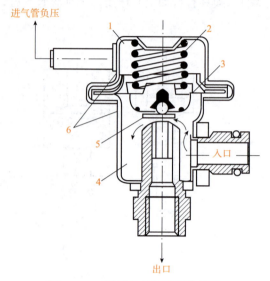

图 1-5-6 燃油压力调节器的结构

1—弹簧室;2—弹簧;3—膜片;4—燃料室;5—阀;6—壳体

三、燃油供给系统常见故障及原因分析

燃油供给系统常见故障有燃油压力过高、燃油压力过低、燃油压力不稳、燃油系统无油压等。

1. 燃油压力过高

(1)故障原因。

①燃油压力调节器真空软管破裂,连接部位漏气。

②压力调节器失效(卡死、阻塞)。

③回油管堵塞或回油不畅。

(2)对发动机工作的影响。

①发动机怠速过高。

②发动机油耗过高,混合气过浓。

③回油管堵塞或回油不畅。

④发动机起动时火花塞"淹死"。

⑤火花塞积炭严重。

⑥发动机排放超标,三元催化转换器发热。

2. 燃油压力过低

(1)故障原因。

①燃油压力调节器不良。
②燃油泵供油压力不足。
③燃油泵进油滤网堵塞。
（2）对发动机工作的影响。
①冷车和热车起动困难。
②怠速不稳，运转无力、混合气过稀。
③加速、失速；发动机回火，排气管放炮。
④发动机起动时，火花塞"淹死"。

3. 燃油压力不稳

（1）故障原因。
①燃油压力调节器不良。
②燃油泵供油不足或进油滤网堵塞。
③燃油泵电路接触不良。
④燃油滤清器或输油管路堵塞。
（2）对发动机工作的影响。
①怠速不稳。
②发动机运转不稳；加速无力发喘。
③加速、失速；发动机回火，排气管放炮。
④发动机起动时火花塞"淹死"。

4. 燃油系统无油压

（1）故障原因。
①燃油泵损坏。
②燃油电路短路、保护器烧断、燃油泵继电器烧蚀。
③燃油压力调节器损坏。
④燃油滤清器或输油管路堵塞。
（2）对发动机工作的影响。发动机无法起动。

四、燃油供给系统主要部件（油压）的拆装（释放与预置）

1. 释放与预置燃油系统油压

电控燃油喷射式发动机为了便于再次起动，在发动机熄火后，燃油管路中仍保持着较高的燃油压力。在拆卸燃油管道进行检修或更换燃油滤清器、电动燃油泵、喷油器等部件时，应先释放燃油管道内的油压，其方法如下：

（1）起动发动机；
（2）在发动机运转中拔下电动燃油泵继电器（或拔下电动燃油泵电源插头）；
（3）待发动机自行熄火后，再转动起动开关，起动发动机2～3次，燃油压力即可完全释放；
（4）关闭点火开关，安装电动燃油泵继电器（或插上电动燃油泵电源接线）。

在拆卸燃油管道进行检修之后，为避免首次起动发动机时因油路内尚未建立燃油压力而使起动时间过长，应将点火开关反复打开、关闭数次来预置燃油系统的油压。

2. 燃油泵的拆装

（1）燃油泵拆卸（桑塔纳 2000GSi 型轿车）。
①关闭点火开关，抽取燃油箱汽油。
②拆下燃油箱密封凸缘盖板，如图 1-5-7 所示。
③拆下燃油泵的连接部件，取出燃油泵总成，如图 1-5-8 所示。

图 1-5-7　拆下燃油箱密封凸缘盖板

图 1-5-8　取出燃油泵总成

（2）燃油泵安装（桑塔纳 2000GSi 型轿车）。
①将燃油泵总成放入燃油箱内，如图 1-5-9 所示。
②安装密封凸缘及各油管、导线插头。
③装上燃油箱密封凸缘盖板，如图 1-5-10 所示。

图 1-5-9　安装燃油泵总成

图 1-5-10　装上燃油箱密封凸缘盖板

3. 燃油箱的拆装

（1）燃油箱拆卸。
①释放燃油系统压力。
②拆下后座及行李架。

③拆开翻转限制阀及隔板。
④拆下检查孔盖并拆开线束。
⑤拆下加油管及通气管。
⑥安全地举升并支撑汽车。
⑦通过输送管排放燃油。
⑧使用举升器支撑燃油箱。
⑨拆下驻车制动操纵拉索及燃油滤清器支架。
⑩拆开通向燃油箱的燃油软管。
⑪拆下油箱固定螺栓,并放下燃油箱。
(2)燃油箱安装。
①举升车辆并安装燃油箱,按规定力矩拧紧。
②连接通向燃油箱的燃油软管。
③安装驻车制动操纵拉索及燃油滤清器支架。
④放下汽车连接滤清器软管及通气软管。
⑤连接线束并安装检查孔盖。
⑥连接翻转限制阀及隔板。
⑦安装后座及行李架。

4. 喷油器的拆装

(1)喷油器拆卸。
①关闭点火开关,排净管路汽油,做好清洁,如图1-5-11所示。
②断开喷油器各连接部件,取下分配管总成。
③拆下喷油器插销,取下喷油器,如图1-5-12所示。

图1-5-11 清洁发动机喷油器周围

图1-5-12 拆下喷油器插销

(2)喷油器安装。
①润滑、安装喷油器到分配管总成上。
②将分配管总成安装到发动机上。
③安装喷油器接插头等各连接部件。
④放下汽车连接滤清器软管及通气软管。

任务实施

学生实训作业单

项目1 汽车动力系统检测维修	总学时：85
任务5 燃油供给系统检测维修	实训学时：9

姓名：	学号：	班级：
实训日期：		指导教师：

任务要求：
通过该任务的实施，能够对轿车燃油供给系统主要部件进行拆装与检修

一、安全操作及注意事项

二、选用的工具

三、资料、信息查询

1. 燃油供给系统主要部件结构与工作原理

2. 燃油供给系统常见故障现象、原因及诊断方法

续表

四、燃油供给系统主要部件拆装与检测
1. 释放与预置燃油系统油压
2. 燃油泵拆装检查
3. 喷油器拆装检查

五、检测结果分析及维修建议

考核评价

学生考核报告表

级别：	工作领域：	师评结果：
学生：	工作任务：	□合格　　□不合格
学号：	职业技能：	
一、学习内容		
二、学习目标		
三、技能知识要求		
四、原理策略		
五、学习难点		
六、学习过程		
教师指点作业要点记录	学习应用资源记录	学习目标设定

"1+X"职业技能汽车燃油供给系统检修 – 评分细则【中级】

项目 1 汽车动力系统检测维修				日期：			
姓名：		班级：		学号：		指导教师签字：	
自评 □熟练 □不熟练		互评 □熟练 □不熟练		师评 □熟练 □不熟练			
任务 5 燃油供给系统检测维修							

序号	考核要点	评分标准	分值	评分要求	自评	互评	师评
1	准备 /7S/ 态度	1. 能进行工位 7S 操作； 2. 能进行设备和工具安全检查； 3. 能进行车辆安全防护操作； 4. 能进行工具清洁、校准、存放操作； 5. 能进行三不落地操作	15	未完成 1 项扣 3 分，扣分不得超过 15 分			
2	专业技能能力	作业 1： 1. 能正确对燃油管路进行泄压； 2. 能正确拆装燃油滤清器； 3. 能正确拆装燃油管路； 4. 能正确拆装和清洁燃油箱； 5. 能正确拆装和清洁燃油泵； 6. 能正确拆装活性炭罐； 7. 能正确拆装高压油管； 8. 能正确拆装喷油器。 作业 2： 1. 能正确查询油箱及油管拆装步骤； 2. 能正确查询油泵拆装步骤； 3. 能正确查询活性炭罐及部件拆装步骤	50	未完成 1 项扣 5 分，扣分不得超过 50 分			
3	工具及设备的使用能力	1. 能正确使用维修工具； 2. 能正确使用油管卡箍拆装工具； 3. 能正确使用油泵锁环拆装工具	10	未完成 1 项扣 5 分，扣分不得超过 10 分			
4	资料、信息查询能力	1. 能正确使用维修手册查询资料； 2. 能在规定时间内查询所需资料； 3. 能正确记录所查询资料的章节及页码； 4. 能正确记录所需维修信息	10	未完成 1 项扣 5 分，扣分不得超过 10 分			

续表

序号	考核要点	评分标准	分值	评分要求	自评	互评	师评
5	数据判读和分析的能力	1. 能分析燃油系统是否泄压； 2. 能判断燃油泵滤清器是否正常； 3. 能判断喷油器密封环是否正常	10	未完成1项扣5分，扣分不得超过10分			
6	表单填写与报告的撰写能力	1. 字迹清晰； 2. 语句通顺； 3. 无错别字； 4. 无涂改； 5. 无抄袭	5	未完成1项扣1分，扣分不得超过5分			
		得分					
		总分					

任务6　进气系统检测维修

知识准备

一、进气系统的组成与工作原理

1. 进气系统的组成

如图1-6-1所示，桑塔纳轿车发动机进气系统主要由空气滤清器、空气流量计、节气门控制组件、进气总管和进气歧管等元器件组成。

2. 进气系统的工作原理

发动机工作时，驾驶员通过加速踏板操纵节气门的开度，以此来改变进气量，控制发动机的运转。进入发动机的空气经空气滤清器滤去尘埃等杂质后，流经空气流量计，沿节气门通道进入动力腔，再经进气歧管分配到各个气缸中；发动机冷车急速运转时，部分空气经附加空气阀或急速控制阀绕过节气门进入气缸。

二、进气系统主要部件结构与工作原理

1. 空气滤清器

空气冲过空气滤清器滤芯微孔气隙，过滤掉悬浮于空气中的颗粒杂

更换空气滤清器

质，减少气缸、活塞、活塞环、气门和气门座的早期磨损，同时进气系统中功能部件的测量和控制精度也需要较为干净的空气作为保证，洁净的空气还使进气管道长期保持干净、通畅和有效。

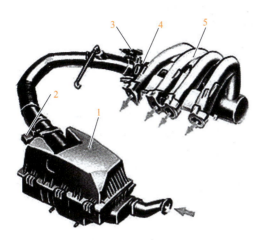

图 1-6-1　桑塔纳轿车发动机进气系统的结构

1—空气滤清器；2—空气流量计；3—节气门控制组件；4—进气总管；5—进气歧管

2. 空气流量计

（1）翼板式空气流量计。翼板式空气流量计的结构如图 1-6-2 所示。在发动机起动后，吸入的空气把计量板从全闭位置推开，使之绕其轴偏转。当气流推力与计量板回位弹簧力平衡时，计量板便停留在某一位置上。进气量越大，计量板开启的角度也越大。这时，计量板转轴上的电位计滑臂也绕轴转动，使电位计的输出电压随之改变。这一信号输入计算机后，计算机再根据进气温度传感器的信号进行修正，即可测出实际的进气流量。

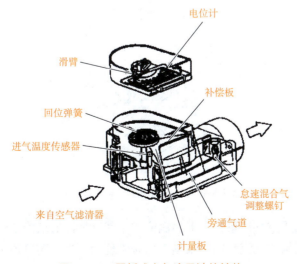

图 1-6-2　翼板式空气流量计的结构

（2）热线式空气流量计。热线式空气流量计的结构如图1-6-3所示。在其进气道内的取样管中有一根铂丝（热线），铂丝通电发热。当发动机起动后，空气流过铂丝周围，使其热量散失，温度下降，与铂丝相连的桥式电路即改变电流，以保持铂丝温度恒定。将这种因空气流量变化而引起的流过铂丝的电流的变化，转化成电压或频率信号输入计算机，即可测得实际的空气流量。

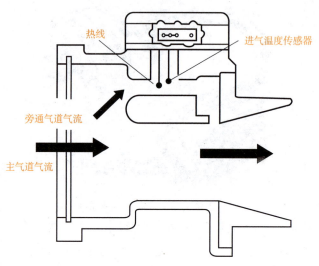

图1-6-3　热线式空气流量计的结构

（3）热膜式空气流量计。有些车型采用热膜式空气流量计，如图1-6-4所示。其发热体不是热线而是热膜，即固定在树脂薄膜上的热电阻膜片。其测量原理与热线式空气流量计基本相同。其采用的热膜式结构的发热体不像热线式那样直接承受空气的作用，因此，使用寿命较长。

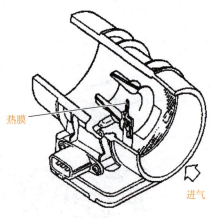

图1-6-4　热膜式空气流量计的结构

（4）卡门涡流式空气流量计。卡门涡流式空气流量计的结构如图1-6-5所示。它是利用卡门涡流测量空气流量的。根据卡门涡流理论，当均匀气流流过涡源体时，在涡源体的下游气流中会产生一系列不对称却十分规则的空气旋涡，其移动速度与空气流速成正比。也就是说,在单位时间内通过涡源体下游某点的旋涡数量与空气流速成正比,因此,通过测量单位时间内流过的旋涡数量,便可计算出空气的流速和流量。

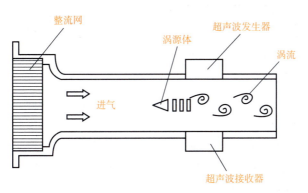

图 1-6-5　卡门涡流式空气流量计的结构

3. 进气压力传感器

利用进气歧管真空度检测进气量的电控汽油喷射系统,是用进气压力传感器来间接地测量发动机吸入空气量的。常见的进气压力传感器有膜盒式进气压力传感器和应变仪式进气压力传感器。

(1) 膜盒式进气压力传感器。如图 1-6-6 所示,膜盒式进气压力传感器内的弹性金属膜盒与大气相通。与膜盒连接在一起的衔铁可以在线圈绕组中移动。当进气歧管压力发生变化时,膜盒膨胀,衔铁在线圈绕组内的位置随之发生相应的变化,从而影响线圈绕组周围的电磁场。这样便可把膜盒的机械运动转换成电信号。计算机根据这个信号即可测出进气歧管压力。

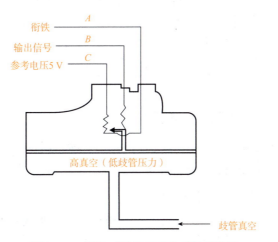

图 1-6-6　膜盒式进气压力传感器的结构

(2) 应变仪式进气压力传感器。物体在承受应力作用时,长度会发生变化,电阻也会随之变化,应变仪式进气压力传感器就是根据此原理设计的。应变仪式进气压力传感器的主要元件是一个很薄的硅片,其外围较厚,中间最薄。硅片上下两面各有一层二氧化硅膜。在膜层中沿硅片四边有四个传感器电阻。在硅片四角各有一个金属块，通过导线与电阻相连。硅片下部有一真空腔与进气相通。硅片上的四个电阻连接成桥式电路。当进气歧管压力变化时，硅膜片随之发生变形。这时，传感器电阻的阻值即随之发生相应的变化，使桥式电路输出正比于进气压力的电压信号。计算机根据该信号即可测出进气歧管的压力。这种传感器不受较大范围的温度变化影响。

4. 进气温度传感器

进气温度传感器内有一个负温度系数的热敏电阻。该电阻与发动机电控单元（ECU）内的一个固定电阻相串联组成分压电路，ECU为分压电路提供5 V电源。进气温度上升/下降，热敏电阻阻值则下降/上升，热敏电阻上的电压也随之下降/上升。热敏电阻上的电压与进气温度高低具有一一对应关系，因此，ECU根据热敏电阻上的电压便可推知进气温度高低。

5. 节气门体组件

节气门体组件是进气系统的重要部件。它除要完成进气量控制和怠速控制外，还要把控制进气量的进程转换成电信号传给ECU。节气门体组件上设置有节气门、节气门位置传感器（TPS）及怠速控制装置。汽车行驶过程中，需要实时调节发动机输出功率来满足汽车行驶负荷变化的要求，通过改变节气门开度的大小控制吸入的空气量，从而调节发动机输出功率，实现发动机输出功率与行驶负荷的即时匹配。

节气门开度的大小由TPS测定。TPS是一种转角电位计，电位计轴与节气门轴等量转动，将节气门转角（开度）转换成电压信号传送给ECU，为ECU提供负荷范围（全负荷、部分负荷、怠速）信息，ECU还可以由此生成过度工况变化（加速工况的急或缓、减速工况的急或缓）信息。TPS信号既是发动机负荷信息，又是汽车工况信息。

TPS信号主要用于过度工况时燃油定量控制、点火正时控制的优化。TPS信号作为负荷信息之一，当电控系统其他负荷信息传感器（AFS或MAP）出现故障时，TPS信息替代负荷信息，维持汽车的基本运行。另外，TPS信号还是自动变速器换挡规律的主控制信号之一。

电子节气门控制系统

三、进气系统常见故障及原因分析

进气系统常见故障有进气不足，起动困难或怠速不稳；动力不足，加速无力；控制异常，油耗增加；怠速偏高，声音异常等。

1. 进气不足，起动困难或怠速不稳

（1）故障现象。由于进气不足造成的发动机起动困难或怠速不稳，表现为起动机能带动发动机按正常速度转动，有明显的起动征兆，但不能起动，或需要连续多次起动或长时间转动发动机才能起动。起动后，怠速明显不稳定，且容易熄火。

（2）故障原因。

①进气系统中有漏气。

②燃油压力太低。

③空气滤清器堵塞严重。
④水温传感器故障。
⑤空气流量传感器故障。
⑥怠速控制阀或附加空气阀故障。
⑦冷起动喷油器不工作。
⑧喷油器漏油、雾化不良、堵塞。
⑨点火正时不正确。
⑩起动开关至ECU的接线断路。
⑪气缸压缩压力太低。
⑫怠速调整不当。
⑬火花塞工作不良。

2. 动力不足，加速无力

（1）故障现象。发动机无负荷运转时基本正常，但带负荷运转时加速缓慢，上坡无力，加速踏板踩到底时仍感觉动力不足，转速不能提高，达不到最高车速；踩下加速踏板后发动机转速不能马上升高，有迟滞现象；在加速过程中，发动机转速有轻微的波动。

（2）故障原因。
①空气滤清器堵塞。
②节气门调整不当，不能全开。
③燃油压力过低。
④喷油器堵塞或雾化不良。
⑤水温传感器故障。
⑥空气流量传感器故障。
⑦点火不当或高压火花过弱。
⑧废气再循环系统工作不正常。
⑨发动机气缸压缩压力过低。

3. 控制异常，油耗增加

（1）故障现象。汽车在正常行车时，表现为动力强劲，但是油耗增加；有时热车行驶中会突然熄火，熄火后立即起动而不能起动，等待或摘掉空气滤清器后方可正常起动。

（2）故障原因。
①空气流量传感器在汽车高速行驶时，信号出现偏差，大于正常数值。
②进气温度传感器信号出现偏差，造成ECU不能够正确判断空气温度导致油耗过高。
③节气门位置传感器信号出现偏差，造成ECU不能够正确判断。

4. 怠速偏高，声音异常

（1）故障现象。汽车在正常怠速运转时，表现出转速偏高，有时候伴随着异响。

（2）故障原因。

①节气门接口垫处有泄漏的部位。

②进气歧管连接处有泄漏的部位。

③节气门后方进气管路中有泄漏的部位。

四、进气系统主要部件的拆装

1. 节气门的拆装

（1）节气门拆卸。

①排空冷却液。

②拆下节气门体进气连接管等各连接部件，如图 1-6-7 所示。

③拆下节气门体及垫片，如图 1-6-8 所示。

图 1-6-7　拆下节气门体进气连接管

图 1-6-8　拆下节气门体及垫片

（2）气门清洗和安装节。

①用化油器清洗剂清洁节气门体，如图 1-6-9 所示。

②用抹布擦拭节气门。

③安装垫片及节气门体。

④安装各连接软管、控制拉索及传感器接插头。

⑤匹配节气门，如图 1-6-10 所示。

节气门的清洗

图 1-6-9　用化油器清洗剂清洁节气门体

图 1-6-10　匹配节气门

2. 进气温度传感器 G42/ 进气管压力传感器 G71 的拆装

（1）进气温度传感器 G42/ 进气管压力传感器 G71 拆卸（图 1-6-11）。
①脱开电气连接插头 2。
②松开线束固定卡 1，取下进气管压力传感器 G71/ 进气温度传感器 G42。

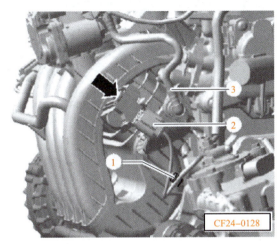

图 1-6-11　进气温度传感器 G42/ 进气管压力传感器 G71 位置图
1—线束固定卡；2—G42、G71 插头；3—制动真空管

（2）进气温度传感器 G42/ 进气管压力传感器 G71 安装。以倒序进行，安装过程中注意下列事项：
①更换 O 形环。
②进气温度传感器 G421 进气管压力传感器 G71 的螺栓拧紧力矩为 3 N·m。

3. 进气歧管的拆装

（1）进气歧管拆卸。
①拆卸空气滤清器。
②拆卸燃油分配器，将其置于一块干净的无纤维质的布上。
③拔下活性炭罐电磁阀 N81 的插头，并将其从进气歧管脱开。
④脱开线束固定卡。
⑤拔下进气管压力传感器 G71/ 进气温度传感器 G42 的插头 2，如图 1-6-11 所示。
⑥脱开线束固定卡 1，脱开制动真空管 3。
⑦脱开线束卡子。
⑧拧出螺栓，取下进气歧管，如图 1-6-12 所示。

进气歧管的拆装

（2）进气歧管安装。以倒序进行，安装过程中注意下列事项：
①更换密封件和 O 形环。
②进气歧管固定螺栓拧紧顺序是从中间到两边，拧紧力矩为 10 N·m。

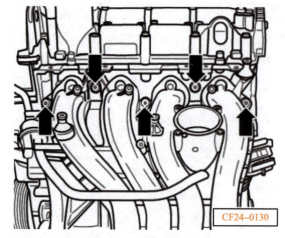

图 1-6-12 进气歧管位置

任务实施

学生实训作业单

项目1　汽车动力系统检测维修		总学时：85
任务6　进气系统检测维修		实训学时：6
姓名：	学号：	班级：
实训日期：		指导教师：
任务要求： 通过该任务的实施，能够对轿车进气系统主要部件进行拆装与检修		
一、安全操作及注意事项		
二、选用的工具		

续表

三、资料、信息查询
1. 进气系统主要部件结构与工作原理   2. 进气系统常见故障现象、原因及诊断方法
四、进气系统主要部件拆装与检测
1. 空气滤清器检查更换   2. 进气温度传感器和进气管压力传感器拆装检查   3. 节气门体组件拆装检查
五、检测结果分析及维修建议

学习笔记

考核评价

学生考核报告表

级别：	工作领域：	师评结果：
学生：	工作任务：	☐合格　　☐不合格
学号：	职业技能：	

一、学习内容

二、学习目标

三、技能知识要求

四、原理策略

五、学习难点

六、学习过程		
教师指点作业要点记录	学习应用资源记录	学习目标设定

学习笔记

"1+X"职业技能汽车进气系统检测维修 – 评分细则【中级】

项目1 汽车动力系统检测维修		日期：	
姓名：	班级：	学号：	指导教师签字：
自评 □熟练　□不熟练	互评 □熟练　□不熟练	师评 □熟练　□不熟练	

任务6　进气系统检测维修

序号	考核要点	评分标准	分值	评分要求	自评	互评	师评
1	准备/7S/态度	1. 能进行工位7S操作； 2. 能进行设备和工具安全检查； 3. 能进行车辆安全防护操作； 4. 能进行工具清洁、校准、存放操作； 5. 能进行三不落地操作	15	未完成1项扣3分，扣分不得超过15分			
2	专业技能能力	作业1： 1. 能正确拆装节气门； 2. 能正确拆装进气管压力传感器； 3. 能正确拆装进气歧管。 作业2： 1. 能正确拆装电子节气门； 2. 能正确拆装增压器； 3. 能正确分解和清洁增压器	50	未完成1项扣5分，扣分不得超过50分			
3	工具及设备的使用能力	1. 能正确使用维修工具； 2. 能正确使用拆装工具	10	未完成1项扣5分，扣分不得超过10分			
4	资料、信息查询能力	1. 能正确使用维修手册查询资料； 2. 能在规定时间内查询所需资料； 3. 能正确记录所查询资料的章节及页码； 4. 能正确记录所需维修信息	10	未完成1项扣5分，扣分不得超过10分			
5	数据判读和分析的能力	1. 能判读部件名称； 2. 能判断进气温度传感器是否正常； 3. 能判断进气压力管传感器是否正常	10	未完成1项扣5分，扣分不得超过10分			

续表

序号	考核要点	评分标准	分值	评分要求	自评	互评	师评
6	表单填写与报告的撰写能力	1. 字迹清晰； 2. 语句通顺； 3. 无错别字； 4. 无涂改； 5. 无抄袭	5	未完成1项扣1分，扣分不得超过5分			
		得分					
		总分					

任务7　排气系统检测维修

知识准备

一、排气系统的组成与工作原理

1. 排气系统的组成

如图1-7-1所示，汽车排气系统一般由排气歧管、排气总管、三元催化转换器、排气温度传感器、消声器和排气尾管等组成。

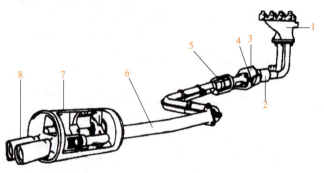

图1-7-1　汽车排气系统的结构

1—排气歧管；2—排气总管；3—三元催化转换器；4—排气温度传感器；5—副消声器；6、7—主消声器；8—排气尾管

2. 排气系统的工作原理

气缸中的废气由排气门排出后，经各缸排气歧管汇至排气总管，由三元催化转

换器净化处理及消声器消声后从排气尾管排出车外。现代汽车为了对空燃比进行反馈控制，在废气到达三元催化转换器前，还需由氧传感器对废气中氧的含量进行检测。

二、排气系统主要部件结构与工作原理

1. 排气歧管

排气歧管一般采用价格低、耐高温的铸铁或球墨铸铁制造，也有采用不锈钢管制成。不锈钢排气歧管质量小，耐久性好，同时内壁光滑，排气阻力小。排气歧管的形状十分重要。为了使各缸排气不相互干扰及不出现排气倒流现象，并尽可能地利用惯性排气，应该将排气歧管做得尽可能长，而且各缸排气歧管应该相互独立、长度相等，每个气缸都有一个排气歧管。好的排气歧管设计会令发动机排气顺畅，功率提高。

2. 排气管

排气歧管以后的管道均属排气管。共有三段排气管，中间分别安装三元催化转换器与消声器。

3. 消声器

（1）作用。降低发动机排气的噪声，消除废气中的火焰与火星。在排气管出口处装有消声器，使废气经过消声后进入大气。一般安装2～3个消声器。

（2）结构。汽车消声器用镀铝钢板或不锈钢制造。通常的消声器由共振室、膨胀室和一组不同长度的多孔管构成。有的还在消声器内填充耐热的吸声材料，吸声材料多为玻璃纤维、钢纤维或石棉。

4. 三元催化转换器

（1）作用。将废气中的污染气体，如一氧化碳、碳氢气体及氮氧化合物等转变为无害气体。

（2）安装位置。三元催化转换器一般安装在排气管之后消声器之前。

（3）结构及工作原理。三元催化转换器均由金属外壳和催化转换芯子组成。三元催化转换器中的催化剂（铂、铑、钯）涂在整体格栅式载体（陶瓷蜂窝或陶瓷微珠）上，安装在一个与排气管连接的套件中。载体上有许多孔，有害物质通过这些孔时被净化。格栅越薄，净化能力越强。催化剂有助于将一氧化碳转化成二氧化碳，将碳氢化合物转化成二氧化碳和水。另外，它还可以将氮氧化合物还原为氮气和氧气。三元催化转换器在空燃比为14.7∶1左右时转换效率最高，混合气过浓或汽油进入排气管，会导致催化转换器过热而损坏，因此安装有三元催化转换器的发动机必须将空燃比控制在理论空燃比左右。另外，配置三元催化转换器的车辆需要使用无铅汽油，因为含铅汽油中的铅会黏附于催化剂的表面，使其失效。三元催化转换器过热时，内部的格栅式载体变松，甚至塌陷，会造成排气管堵塞。

5. 氧传感器

（1）作用。测定发动机排气中的氧含量，确定汽油与空气是否完全燃烧。电子控制器根据这一信息实现以过量空气系数 $\lambda=1$ 为目标的闭环控制，以确保三元催化转

换器对排气中 HC、CO 和 NO_x 三种污染物都有最大的转化效率。

（2）工作原理。氧传感器的工作原理与干电池相似，传感器中的氧化锆元素起类似电解液的作用。其基本工作原理：在一定条件下（高温和铂催化），利用氧化锆骨外两侧的氧浓度差，产生电位差，且浓度差越大，电位差越大。大气中氧的含量为21%，浓混合气燃烧后生成的废气实际上不含氧，稀混合气燃烧后生成的废气或因缺火产生的废气中含有较多的氧，但仍比大气中的氧少得多。

三、排气系统故障问题导致灯亮的原因及解决方法

（1）若故障问题灯亮起后，车辆熄火不可以起动，一般情况下是因为燃油泵或点火装置故障，需要更换新的燃油泵或点火线圈及火花塞等配件；若继续行驶，车辆会发生严重抖动、加速无力等症状，这样不但可以避免进一步损坏发动机，还能确保驾驶员及乘客的人身安全。

（2）发动机排气系统故障问题灯亮大多是由国内油品质量差引起三元催化系统中的氧传感器损坏或三元催化转换器中毒所导致，若在车辆行驶过程中该灯亮起，请立即减速，并驾驶到最近的修理服务店进行检修。

（3）发动机排气系统故障问题灯亮，是因为节气门或发动机内部的积炭过多，引起混合气比例失调，当发动机计算机监测到一些影响到排放要求的信号时，就会出现故障问题灯亮的现象，需要对车辆进行积炭的清洗或更换节气门。

四、排气系统主要部件的拆装

1. 氧传感器的拆装

所需的专业工具和设备：氧传感器环形扳手套件 F3337G。

（1）氧传感器拆卸。

①脱开各个电气连接插头，如图 1-7-2 所示。

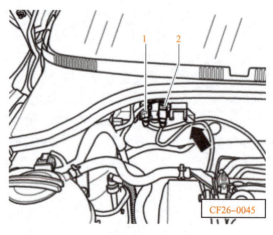

图 1-7-2　电气连接插头示意

1—用于尾气催化净化器后氧传感器 G130 和氧传感器加热装置 Z19；
2—用于氧传感器 G39 和氧传感器加热装置 Z19

②按箭头方向脱开线束固定卡，如图1-7-2所示。
③用氧传感器环形扳手套件F3337G拧出氧传感器G130和G39。
（2）氧传感器安装。以倒序进行，安装过程中注意下列事项：
①给新的氧传感器涂覆装配膏，热螺栓装配膏不得进入氧传感器壳体的槽口中。
②在使用旧的氧传感器时，只能使用热螺栓装配膏涂抹螺纹，热螺栓装配膏不得进入氧传感器壳体的槽口中。
③在安装时，必须将氧传感器的电线连接重新固定在原位上，以防电线连接碰到排气管。

2. 带尾气催化净化器的排气前管拆装

所需的专业工具和设备：扭力扳手（5～50 N·m）、热螺栓装配膏。
（1）带尾气催化净化器的排气前管拆卸。
①脱开各个电气连接插头，如图1-7-2所示。
②按箭头方向脱开线束固定卡，如图1-7-2所示。
③脱开氧传感器线束固定卡。
④如图1-7-3所示，拧出螺母（箭头A和箭头B），拧出螺栓（箭头C）取出支架。

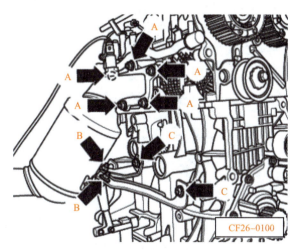

图1-7-3　支架螺栓位置示意

⑤脱开排气装置固定环。
⑥松开夹紧套螺栓连接，如图1-7-4箭头所示，并将其向后移动。
⑦以合适的角度向后取出带尾气催化净化器的排气前管。
（2）带尾气催化净化器的排气前管安装。以倒序进行，安装过程中注意下列事项：
①必须更换密封垫和自锁螺母。
②在螺栓和螺母上涂抹热螺栓装配膏。
③将排气装置校准到无应力状态。

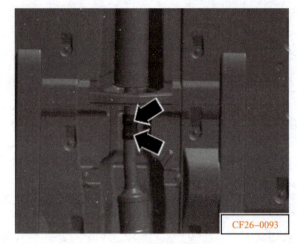

图 1-7-4　松开夹紧套螺栓连接

④各螺母拧紧到规定力矩。

3. 消声器的拆装

所需的专业工具和设备：扭力扳手（5～50 N·m）。

（1）消声器拆卸。

①脱开前消声器和后消声器。

②松开夹紧套螺栓连接，如图 1-7-4 箭头所示，并将其向后移动。

③按箭头拧下固定环的螺栓，如图 1-7-5 所示。

④拆下固定环，取下消声器。

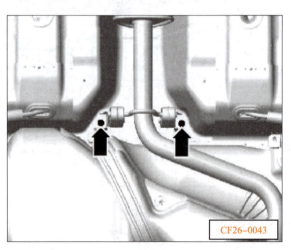

图 1-7-5　拧下固定环螺栓

（2）消声器安装。安装以倒序进行，安装过程中注意下列事项：

①将排气装置校准到无应力状态。

②各螺母拧紧到规定力矩。

学习笔记

任务实施

学生实训作业单

项目 1　汽车动力系统检测维修 任务 7　排气系统检测维修		总学时：85 实训学时：6
姓名：	学号：	班级：
实训日期：		指导教师：
任务要求： 通过该任务的实施，能够对轿车排气系统主要部件进行拆装与检修		
一、安全操作及注意事项		
二、选用的工具		
三、资料、信息查询		
1. 排气系统主要部件结构与工作原理 2. 排气系统故障灯点亮的原因及诊断方法		

续表

四、排气系统主要部件拆装与检测

1. 氧传感器拆装检查

2. 三元催化转换器拆装检查

3. 废气再循环总成拆装检查

五、检测结果分析及维修建议

考核评价

学生考核报告表

级别:	工作领域:	师评结果:
学生:	工作任务:	□合格　　□不合格
学号:	职业技能:	

一、学习内容

二、学习目标

三、技能知识要求

四、原理策略

五、学习难点

六、学习过程

教师指点作业要点记录	学习应用资源记录	学习目标设定

"1+X"职业技能汽车排气系统检测维修 – 评分细则【中级】

项目1 汽车动力系统检测维修			日期：		
姓名：	班级：		学号：	指导教师签字：	
自评 □熟练 □不熟练	互评 □熟练 □不熟练		师评 □熟练 □不熟练		
任务7 排气系统检测维修					

序号	考核要点	评分标准	分值	评分要求	自评	互评	师评
1	准备/7S/态度	1. 能进行工位7S操作； 2. 能进行设备和工具安全检查； 3. 能进行车辆安全防护操作； 4. 能进行工具清洁、校准、存放操作； 5. 能进行三不落地操作	15	未完成1项扣3分，扣分不得超过15分			
2	专业技能能力	作业1： 1. 能正确拆装废气再循环总成； 2. 能正确分解废气再循环总成； 3. 能正确拆装排气歧管； 4. 能正确拆装三元催化转换器； 5. 能正确拆装氧传感器； 6. 能正确清洗三元催化转换器； 7. 能正确检测三元催化转换器堵塞情况。 作业2： 1. 能正确拆装曲轴强制通风部件； 2. 能正确拆装二次进气泵； 3. 能正确拆装真空控制组合阀； 4. 能正确拆装二次空气进气电磁阀； 5. 能正确拆装二次喷射系统管路	50	未完成1项扣5分，扣分不得超过50分			
3	工具及设备的使用能力	1. 能正确使用维修工具； 2. 能正确使用氧传感器套筒； 3. 能正确使用烟雾检测仪	10	未完成1项扣5分，扣分不得超过10分			
4	资料、信息查询能力	1. 能正确使用维修手册查询资料； 2. 能在规定时间内查询所需资料； 3. 能正确记录所查询资料的章节及页码； 4. 能正确记录所需维修信息	10	未完成1项扣5分，扣分不得超过10分			

续表

序号	考核要点	评分标准	分值	评分要求	自评	互评	师评
5	数据判读和分析的能力	1. 能判断废气再循环阀是否堵塞； 2. 能判断三元催化转换器是否堵塞	10	未完成1项扣5分，扣分不得超过10分			
6	表单填写与报告的撰写能力	1. 字迹清晰； 2. 语句通顺； 3. 无错别字； 4. 无涂改； 5. 无抄袭	5	未完成1项扣1分，扣分不得超过5分			
		得分					
		总分					

任务8　起动系统检测维修

汽车发动机曲轴在外力作用下，从开始转动到怠速运转的全过程，称为发动机的起动，起动系统的作用是供给发动机曲轴起动转矩，使发动机曲轴达到必需的起动转速，以便使发动机进入自行运转状态。

发动机常用的起动方式有人力起动、辅助汽油机起动和电力起动机起动。常见的是电力起动机起动，即由直流电动机通过传动机构将发动机起动，现代绝大多数汽车采用这种起动方式。

一、起动系统的组成

起动系统主要由蓄电池、起动机、点火开关和起动继电器等组成，如图1-8-1所示。

起动系统由两个电气电路组成：一个是起动电流电路，另一个是控制电流电路。由于汽油机起动电流达到200～600 A，因此连接起动机的电缆和搭铁电缆必须有足够的横截面面积允许通过大负载电流。

起动系统控制电路分为点火开关直接控制和起动继电器控制等类型。点火开关直接控制是指点火开关直接控制起动机电磁开关的电路，这种类型的起动系统控制电路主要应用于小型车辆发动机,通过点火开关的电流不是很大。起动继电器控制就是通过起动继电器控制起动电磁开关的电路,这种类型的起动系统控制电路利用起动继电器控制起动机电磁开关的较大电流,有利于保护点火开关。

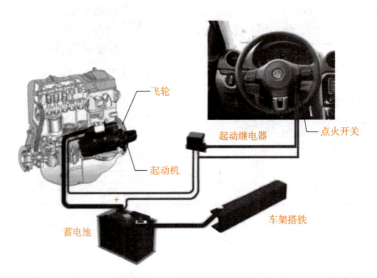

图 1-8-1 起动系统的组成

1. 起动机的作用及结构

起动机是起动系统的核心部件。它的作用是将蓄电池的电能转化为机械能,再通过传动机构将发动机起动。

汽车起动机由直流电动机、传动机构和控制机构三部分组成,如图 1-8-2 所示。直流电动机根据定子的类型分为励磁式直流电动机和永磁式直流电动机两种。

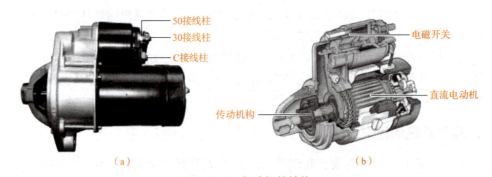

图 1-8-2 起动机的结构
(a)实物;(b)内部结构

(1)控制机构。电磁开关由吸拉线圈、保持线圈、活动铁芯、主开关接触盘(片)及回位弹簧组成。其中,吸拉线圈与直流电动机串联,保持线圈与直流电动机并联,电磁开关的作用是产生电磁力,通过活动铁芯可驱动拨叉运动,又可推动接触盘（片）推杆移动。

（2）转子。转子俗称"电枢"，作用是产生电磁转矩。它由外围开有线槽的铁芯、压在线槽内的电枢绕组、换向器及电枢轴等组成。绕组线圈是表面附着一层高强度绝缘漆的铜导线，绕组与铁芯之间也用绝缘材料隔开，以保证绝缘性能。换向器由铜片和云母叠压而成，压装于电枢轴前端，铜片间绝缘，铜片与轴之间也绝缘，换向器片与线头采用锡焊连接。

（3）定子。定子俗称"磁极"，作用是产生磁场。励磁式定子由固定在机壳内的铁芯、缠绕在铁芯上的励磁绕组和电刷组成。励磁式直流电动机定子绕组和电刷绕组常用的连接方式称为串励式电动机。它具有起动转矩大、轻载转速高、重载转速低、能在短时间内输出最大功率等优点，主要应用于轿车，特别是商用车。

（4）拨叉。拨叉相当于一个杠杆。

（5）电刷组件。电刷组件上有四个电刷及电刷架，其中两个正极电刷与"C端子"连线相通，两个负极电刷分别与励磁绕组的一个断头相连接。电刷用铜粉和石墨粉压制而成，通过盘形弹簧靠压在转子上的换向器片上，与之接触连接。

（6）单向离合器。单向离合器的作用是起动时将起动机电枢与驱动齿轮接合，将动力传递至飞轮，发动机起动后将起动机电枢与驱动齿轮分离，防止驱动齿轮逆向动力传递引起起动机电枢损坏。

单向离合器有滚柱式、摩擦片式和弹簧式等几种类型。其中，滚柱式单向离合器是最常用的离合器。其结构简单、加工方便、成本低，广泛应用于汽油起动机。滚柱式单向离合器的驱动齿轮与外壳制成一体，外壳内安装有十字块和四套滚柱、压帽和弹簧。十字块与传动导管固连，护盖与外壳相互扣合密封。当发动机起动时，传动导管随电枢轴旋转，带动十字块将滚柱压向楔形腔室窄的一边，将十字块与外壳卡紧，迫使驱动齿轮同电枢轴一起旋转，驱动飞轮。

当发动机起动后，曲轴飞轮带动驱动齿轮高速旋转，外壳将滚柱压向楔形腔室宽的一边，将十字块与外壳分离，驱动齿轮动力不能传递到电枢轴。

滚柱式单向离合器好坏检查的方法：用一只手握住驱动齿轮不动，另一只手握住传动导管并正反两个方向转动，若一个方向能转动，另一个方向不能转动，则说明该离合器是好的；若两个方向均能转动或均不能转动，则说明该离合器是坏的，需要更换。

2. 起动机的类型

（1）按控制机构分。

①机械控制式起动机：它是由驾驶员利用踏板（或手动）直接操纵机械式起动开关接通和切断起动电路，通常称为直接操纵式起动机。

②电磁控制式起动机：又称为电磁操纵式起动机。它是由驾驶员旋转点火开关或按下起动按钮，通过电磁开关接通和切断起动电路。

（2）按传动机构分。

①惯性啮合式起动机：由于其可靠性差，现代汽车已不再使用。

②强制啮合式起动机：因其具有结构简单、动作可靠和操纵方便等优点，被现代汽车普遍采用。

③电磁啮合式起动机：它是依靠电枢进行轴向移动起动发动机，多用于大功率的柴油汽车上。

除上述形式外，还有永磁式起动机和减速型起动机等。

3. 起动机在电路图中的标注

起动机在电路图中没有统一的规定，常见的符号如图1-8-3所示。

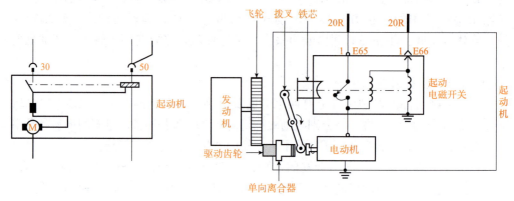

图1-8-3　起动机在电路图中的标注

4. 起动机的工作原理

直流电动机是根据载流导体在磁场中受到电磁力作用而发生运动的原理工作的。位于磁场中的线圈称为电枢绕组，根据左手定则判定绕组两边均受到电磁力的作用，左侧向上，右侧向下，因此电枢逆时针方向转动。在转动过程中，电流始终从左侧流入，右侧流出，因而电枢的转动方向不变。

二、起动控制电路的分类

起动控制电路由控制电路和主电路两部分组成。控制电路分为两部分控制回路和开关回路。

（1）控制回路，如图1-8-4所示。电流走向：蓄电池正极→易熔丝→点火开关→熔断器→起动继电器线圈→搭铁→蓄电池负极。

动作：继电器触点闭合。

（2）开关回路，如图1-8-5所示。电流走向：一路电流从蓄电池正极→易熔丝→继电器触点→控制端→保持线圈→搭铁；另一路电流从蓄电池正极→易熔丝→继电器触点→控制端→吸引线圈→励磁绕组→电枢→搭铁→负极。

动作1：经励磁与电枢绕组中的小电流，起动机缓慢转动，保证驱动齿轮与飞轮齿圈的顺利啮入。

动作2：铁芯在吸引线圈与保持线圈所产生的磁场共同作用下，向左移动，通过拨叉推动驱动齿轮向右移动，与飞轮齿圈啮合。同时使接触盘接通电磁开关上的1接柱与 2 接柱，接通了新的主回路。

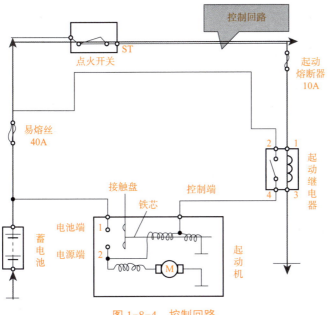

图 1-8-4　控制回路

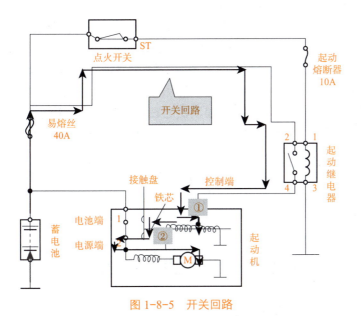

图 1-8-5　开关回路

（3）主电路，如图 1-8-6 所示。电流走向：蓄电池正极→电池端→起动机电磁开关内部的接触盘→电源端→起动机励磁绕组→电枢绕组→起动机外壳→搭铁→蓄电池负极。

动作：经励磁与电枢绕组中的大电流使起动机产生大转矩，经起动机的传动机构驱动飞轮齿圈使曲轴旋转，用来起动发动机。

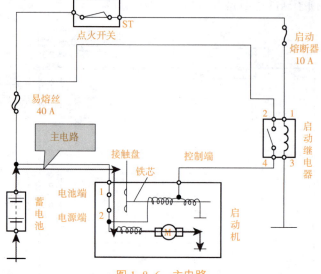

图 1-8-6 主电路

三、起动控制电路分析及检测

1. 起动控制电路分析

北京现代名图轿车起动控制电路如图 1-8-7 所示。

（1）起动机控制电路。当点火起动开关位于起动挡，变速杆在 P 位或 N 位时，智能钥匙控制模块收到一个来自起动停止挡位开关 P62 的起动信号，并且智能钥匙控制模块验证点火钥匙后，给起动继电器一个起动反馈信号，起动继电器保持线圈得电，接通起动机控制电路：蓄电池正极→点火开关保险 40 A →起动继电器吸拉线圈的 1 端→起动继电器吸拉线圈的 2 端→起动机电磁开关保持线圈 1 端→起动机电磁开关保持线圈 2 端→搭铁。此时，起动机内部的电磁开关保持线圈得电，电磁开关触点闭合，接通起动机主电路。

（2）起动机主电路。蓄电池正极→起动机输入 1 端→起动机内部的电磁开关触点→起动机内部的电动机→搭铁→蓄电池负极。此时，起动机进入工作状态，带动发动机飞轮转动。

2. 起动控制电路检测

北京现代名图轿车起动控制电路检测包括以下内容：
（1）检测起动保险是否正常；
（2）检测起动继电器是否正常；
（3）检测起动机电磁开关保持线圈本身及供电是否正常；
（4）检测起动机电磁开关是否正常及吸拉线圈供电是否正常。

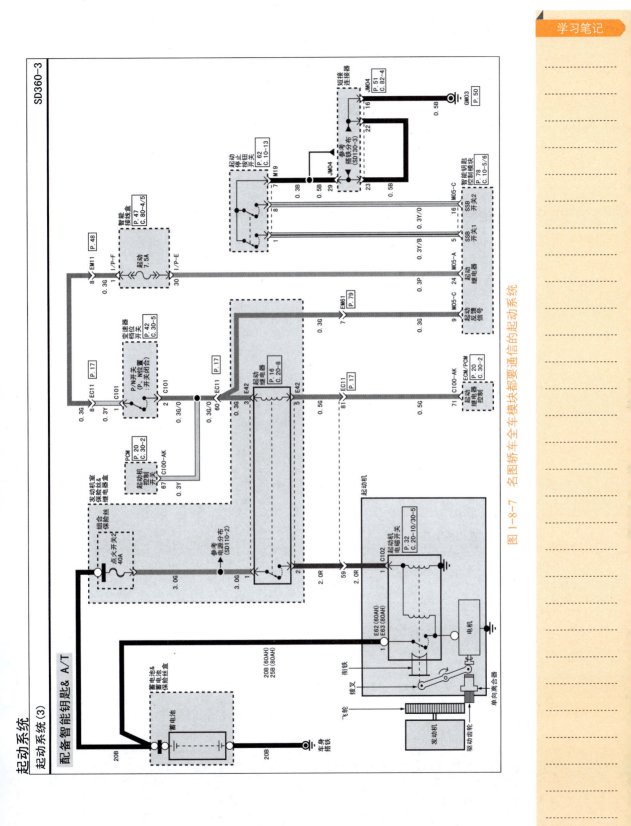

图1-8-7 名图轿车全车模块都要通信的起动系统

学习笔记

任务实施

学生实训作业单

<table>
<tr><td colspan="2">项目 1　汽车动力系统检测维修
任务 8　起动系统检测维修</td><td>总学时：85
实训学时：4</td></tr>
<tr><td>姓名：</td><td>学号：</td><td>班级：</td></tr>
<tr><td colspan="2">实训日期：</td><td>指导教师：</td></tr>
<tr><td colspan="3">任务要求：
通过该任务的实施，能够对起动系统的常见故障进行诊断、分析并能给出维修建议</td></tr>
<tr><td colspan="3">一、安全操作及注意事项</td></tr>
<tr><td colspan="3"></td></tr>
<tr><td colspan="3">二、选用的工具</td></tr>
<tr><td colspan="3"></td></tr>
</table>

续表

三、资料、信息查询
1. 起动系统的作用、结构
2. 起动系统的故障
四、诊断步骤和检测结果
1. 故障现象
2. 诊断步骤
3. 检测结果
五、检测结果分析及维修建议

考核评价

"1+X"职业技能汽车起动系统检测维修 - 评分细则【中级】

项目一	汽车动力系统检测维修			日期：			
姓名：		班级：		学号：		指导教师签字：	
自评 □熟练 □不熟练		互评 □熟练 □不熟练		师评 □熟练 □不熟练			
任务8 起动系统检测维修							
序号	考核要点	评分标准	分值	评分要求	自评	互评	师评
1	准备/7S/态度	1.能进行工位7S操作； 2.能进行设备和工具安全检查； 3.能进行车辆安全防护操作； 4.能进行工具清洁、校准、存放操作； 5.能进行三不落地操作	15	未完成1项扣3分，扣分不得超过15分			
2	专业技能能力	作业1： 1.能正确拆装起动机； 2.能正确检查起动机； 3.能正确更换起动机； 4.能正确检测起动机控制电路； 5.能正确检测起动机电流消耗； 6.能正确检测起动机的电压降。 作业2： 1.能正确查询起动系统结构图； 2.能正确查询起动系统拆装步骤	50	未完成1项扣5分，扣分不得超过50分			
3	工具及设备的使用能力	1.能正确使用拆装工具； 2.能正确使用检测仪器、设备	10	未完成1项扣5分，扣分不得超过10分			
4	资料、信息查询能力	1.能正确使用维修手册查询资料； 2.能在规定时间内查询所需资料； 3.能正确记录所查询资料的章节及页码； 4.能正确记录所需维修信息	10	未完成1项扣5分，扣分不得超过10分			
5	数据、判读和分析的能力	1.能判读部件名称和位置； 2.能分析起动机电流消耗和电压降是否正常	10	未完成1项扣5分，扣分不得超过10分			
6	表单填写与报告的撰写能力	1.字迹清晰； 2.语句通顺； 3.无错别字； 4.无涂改； 5.无抄袭	5	未完成1项扣1分，扣分不得超过5分			
得分							
总分							

任务 9　充电系统检测维修

一、充电系统概述

蓄电池和发电机是汽车上的两大电源,它们一起向用电设备供电。发电机是主要电源,它正常工作时与调节器互相配合,向除起动系统外的用电设备供电,并向蓄电池充电。交流发电机产生交流电的基本原理是电磁感应,即利用产生磁场的转子旋转,使穿过定子绕组的磁通量发生变化,在定子绕组内产生感应电动势。

二、充电系统的组成

充电系统主要由蓄电池、点火开关、发电机、电压调节器和充电指示灯等组成。

（一）发电机

（1）发电机的作用。汽车发电机是将发动机的一部分机械能转化为电能的电气设备,是汽车运行中的主要电源,担负着除起动系统外所有用电设备的供电任务,并向蓄电池充电。发电机实物如图 1-9-1 所示。

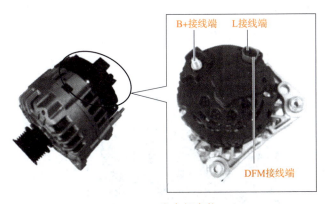

图 1-9-1　发电机实物

（2）发电机的类型。

①按总体结构分。按总体结构分类,可分为普通交流发电机、整体式交流发电机、带泵的交流发电机、无刷交流发电机。其中,目前广泛运用在轿车上的是整体式交流发电机。

②按整流器结构分。按整流器结构分类，可分为六管、八管、九管和十一管交流发电机。

③按磁场绕组搭铁形式分。

a. 外搭铁型交流发电机：磁场绕组的一端（负极）接入调节器，通过电压调节器后再搭铁，如图1-9-2（a）所示。

b. 内搭铁型交流发电机：磁场绕组的一端（负极）直接搭铁，如图1-9-2（b）所示。

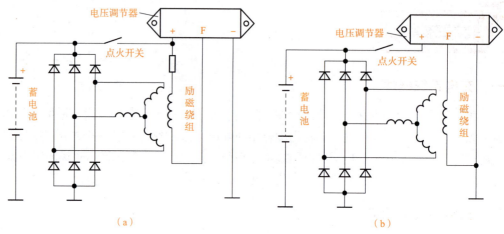

图1-9-2 按磁场绕组搭铁形式分类

（a）外搭铁型交流发电机；（b）内搭铁型交流发电机

④按通风方式分。按通风方式分类，可分为单风叶式和双风叶式。单风叶式是风叶安装在交流发电机的前端，风叶旋转产生的轴向空气流经发电机内部，对定子绕组进行冷却。双风叶式是在转子两端各装一个风叶，产生轴向和径向两个方向的空气流。

（3）发电机的组成。普通交流发电机由转子、定子、整流器、电刷、端盖和防护罩、带轮和风扇等部件组成，如图1-9-3所示。

图1-9-3 发电机的组成

1—前部轴承盖；2—转子；3、9—固定装置；4—罩盖；5—调节器；
6—后部轴承盖；7—定子及绕组；8—滑环

①转子。转子的作用是产生旋转的磁场。转子由爪极、磁场绕组、集电环和转子轴等组成，如图1-9-4所示。转子轴上压装着两块爪极，两块爪极各有六个鸟嘴形磁极，爪极空腔内装有磁场绕组和磁轭，集电环由两个彼此绝缘的铜环组成，集电环压装在转子轴上并与轴绝缘，两个集电环分别与磁场绕组的两端相连。当两集电环通入直流电时（通过电刷），磁场绕组中就有电流通过，并产生轴向磁通，使爪极一块被磁化为N极，另一块被磁化为S极，从而形成六对相互交错的磁极。当转子转动时，就形成了旋转的磁场。

图1-9-4　转子组成

②定子。定子的作用是产生三相交流电压（电动势）。定子由定子铁芯和定子绕组组成，如图1-9-5所示。定子绕组是由三相对称且匝数相同的漆包铜线缠绕而成的。三相绕组的连接方法可分为星形连接和三角形连接两种。因为星形连接在低转速下便产生相对较高的电压，所以大部分汽车发电机采用星形连接，如图1-9-5所示。

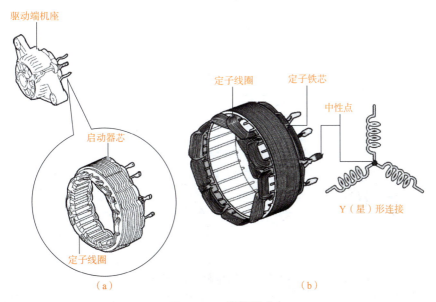

图1-9-5　定子组成
（a）定子；（b）定子线圈绕法

③整流器。整流器是将交流电转换成直流电的一种装置,在汽车用发电机中,一般采用三相桥式整流电路作整流器。

交流发电机整流器的作用是将定子绕组产生的三相交流电变为直流电,普通的六管交流发电机的整流器是由六只硅整流二极管和散热板组成的整流电路。六只硅整流二极管分别压装(或焊接)在两块散热铝板上,如图 1-9-6 所示。

汽车发电机硅二极管工作电流大,反向耐压高,只有一根引线,引出线为正极的二极管称为正二极管,引出线为负极的二极管称为负二极管。正二极管安装在一块铝制散热板上,组成发电机的正极,由固定散热板的螺栓伸出发电机壳外,成为发电机电压输出接线柱 B(+)。负二极管安装在另一块铝制散热板上,组成发电机负极(-),也可用发电机后盖代替负极板,如图 1-9-7 所示。

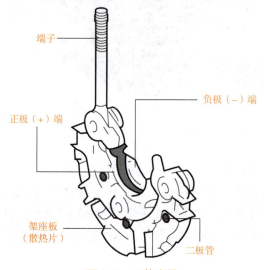

图 1-9-6 整流器

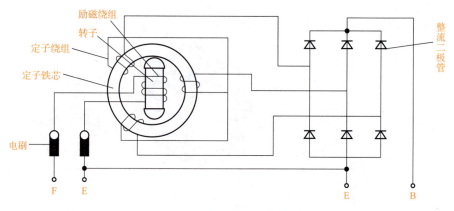

图 1-9-7 整流器的工作原理

④电刷。电刷又称为炭刷,是将外部电流通过与之接触的集电环引入转子绕组产生磁场,是在石墨(炭)中掺入铜及少量锡、铅等金属粉末混合制成。石墨具有良

好的导电性，质地软且耐磨。电刷有外装式和内装式两种。如图1-9-8所示为内装式电刷。

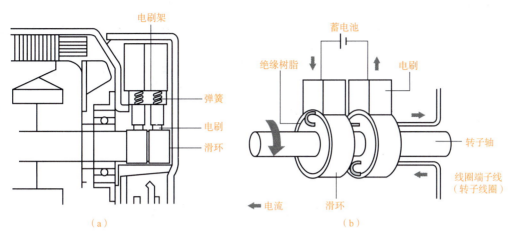

图1-9-8 电刷
(a) 集流环和电刷；(b) 电刷和集流环原理

⑤带轮和风扇。带轮通过传动带将发动机的一部分动力（机械能）传给转子轴；风扇的作用是带走发电机绕组工作中产生的热量，为发电机散热。

⑥端盖和防护罩。端盖分为前端盖和后端盖，起支承转子，固定定子、整流器和电刷的作用。防护罩的作用是防止大的异物进入发电机。

⑦调节器（图1-9-9）。调节器按结构不同，可分为触点式、晶体管式和集成电路式。

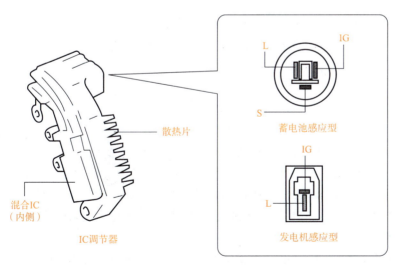

图1-9-9 调节器

（4）发电机的工作原理（图1-9-10）。当转子磁场绕组接通直流电时，就产生了磁场，转子在发动机的带动下旋转，磁感线与定子绕组之间产生相对运动，从而在定子绕组中产生了交流电。经整流器整流后，将交流电转换为直流电向汽车用电设备供电，此时电压调节器控制转子的磁场来调节发电机电压。转子磁场绕组电流先由蓄电池提供（他励），然后发电后由自身提供（自励）。

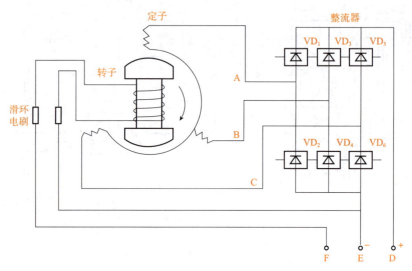

图 1-9-10　发电机的工作原理

（5）发电机接线柱的识别。发电机接线柱的识别方法有直流辨认法、线径辨认法、字母识别法、符号判别法 4 种。

①"A""B+"或"B"（Battery，蓄电池）为电枢接线柱，在交流发电机内部与正整流板连接，向外输出电能，通过较粗的导线与蓄电池正极和起动机相连。另外，一般的电源输出线也称为"B"。

②"F"（Field，励磁绕组）为磁场接线柱，应用于普通交流发电机，向交流发电机内部与励磁绕组的一端相连接，向外接电压调节器的"F"接线柱。对于整体式交流发电机（内置式集成电路电压调节器）来说，励磁绕组与集成电路式电压调节器相连的一端也称为"F"。

③"L"（Light，灯，光线）为充电指示灯接线柱，对于整体式交流发电机（内置式集成电路电压调节器），向内和集成电路式电压调节器相连接，通过电压调节器来控制充电指示灯的工作，向外一般通过点火开关和充电指示灯相接。

④"S"接线柱。现代汽车普遍应用的大功率交流发电机中常采用"S"端子，其作用为蓄电池电压检测线，向内与集成电路式电压调节器相接，此线一般为较粗的中间没有任何熔断装置的导线，与蓄电池的正极直接相连，用来检测交流发电机的电压高低，作用是控制电压调节器工作的基准信号。

⑤"IG"（Ignition，点火）为点火线接线柱，一般通过此线来控制交流发电机的工作，向外一般通过点火开关与蓄电池正极相连接。

（二）电压调节器

根据励磁电流来调整输出电压的装置称为电压调节器。发电机电压调节器可以保证交流发电机输出电压不受转速和用电设备变化的影响,使其保持稳定,以满足用电设备的需要。常见的是内置式电压调节器,其安装在发电机的后部。电压调节器上有两个炭刷,这两个炭刷直接压在转子上,为转子提供励磁电流。目前使用的电压调节器有电磁振动式电压调节器、晶体管式电压调节器和集成电路式电压调节器三种。

其中,电磁振动式电压调节器又称为触点式电压调节器,应带有触点,结构复杂,电压条件精度低,触点火花对无线电干扰大,被淘汰。

晶体管式电压调节器可通过较大的励磁电流,适用于功率较大的发电机,电压调节器精度高,对无线电干扰小,体积小,无运动件,耐振,故障少,可靠性高。

集成电路式电压调节器除具有晶体管式电压调节器的优点外,因它体积特别小,可直接安装在发电机内部,省去了与发电机的外部连线,因而提高了工作的可靠性,并具有防潮、防尘、耐高温性能好和价格低等优点。

1. 晶体管式电压调节器的工作原理

晶体管式电压调节器是利用晶体管的开关特性来控制发电机的磁场电流,使发电机的输出电压保持基本稳定,14 V 电压调节器的调压值一般为 13.5～14.5 V。晶体管式电压调节器的工作原理和实物图如图 1-9-11 所示。

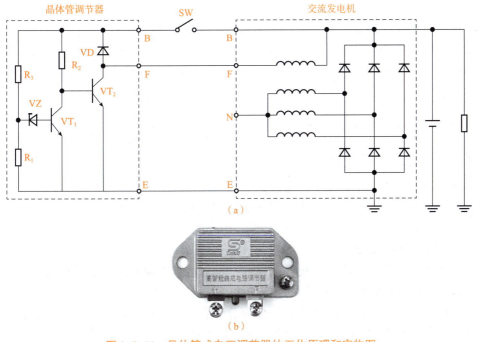

图 1-9-11　晶体管式电压调节器的工作原理和实物图
(a)工作原理;(b)实物图

2. 集成电路式电压调节器的工作原理

集成电路式电压调节器直接装于发电机内部,这种发电机称为整体式交流发电机。内装集成电路式电压调节器的 11 管交流发电机电路图如图 1-9-12 所示。

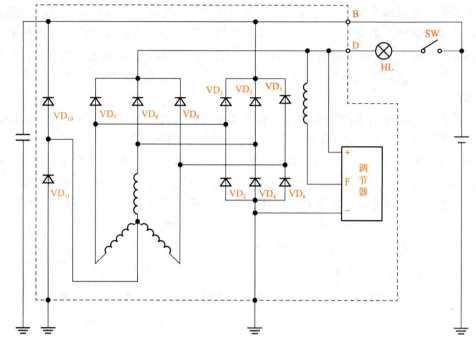

图 1-9-12 集成电路式电压调节器的工作原理

该电路是在一般常用的六管三相桥式整流电路的基础上,增加了三个励磁二极管 VD_7、VD_8、VD_9 和两个中性二极管 VD_{10}、VD_{11}。三个励磁二极管 VD_7、VD_8、VD_9 专供励磁,两个中性二极管 VD_{10}、VD_{11} 工作时,可增大交流发电机的输出电流。

三、充电系统控制电路检测

1. 发电机的不解体检测

交流发电机由转子、定子、整流器、端盖、带轮等组成。任一部件或零件异常均会导致发电机工作不良。由于发电机的拆卸和安装相当麻烦,故在分解发电机之前,一定要确认其确有故障,方可解体进一步查找故障原因。确认发电机是否有问题的方法通常有以下几种:

(1) 直观检查。交流发电机在解体前,可通过直观检查,初步判断出故障的可能部位,这样可有的放矢,使检修速度加快。解体前的检查主要有以下几方面:

①检查外观与间隙。检查外壳、挂脚等处有无裂纹及损伤等。手持带轮前后左右摆动,以判断前轴承轴向及径向的间隙是否变大。

②检查阻力。转动转子,检查轴承阻力、噪声,以及转子与定子之间有无摩擦噪声及异常响声。当发现阻力较大时,可拆除电刷再试,以确定阻力是来自电刷还是来自轴承。

③检查转子轴是否弯曲。转动转子轴,目测检查带轮的摆差(摆头)大小,以判断转子轴是否弯曲。

（2）手动判断。

①用一直流电源（6～12 V）对发电机磁场线圈励磁（即将电源的负极接地，正极接发电机磁场接线柱），并将电压表红、黑表笔分别接到发电机电枢接线柱与地线间。

②用手尽量高速转动发电机带轮并观察电压表。正常的发电机电压应达到3～5 V（12 V电系车型）或5～8 V（24 V电系车型）。

③用1 m左右的尼龙绳绕在带轮上，将发电机夹持在台虎钳上，用力拉动绳子使发电机旋转，空载电压可达10～12 V（12 V电系车型）或20 V以上（24 V电系车型）。

④如果检查结果符合上述规律，则说明发电机正常，问题出在其他电路；反之，则说明发电机本身确有问题，应解体进一步查找原因。

（3）万用表测压判断。

①先检查调整发电机皮带的张力，然后拆下发电机各接线柱上的导线，另用一根导线将发电机电枢（"+"）和磁场（"F"）两接线柱连接起来。

②用万用表检测发电机的输出电压。其方法是将万用表拨至直流电压（0～50 V）挡，红表笔接发电机电枢（"+"）接线柱，黑表笔接外壳，即搭铁。

③起动发动机，并把从发电机电枢（"+"）接线柱上拆下的火线轻触一下磁场（"F"）接线柱，即对发电机进行励磁，约几秒将该线移开，开始缓缓地提高发动机转速。

④观察万用表上所指示的电压值。若该电压值会随发电机的转速升高而逐渐增大，则说明被测发电机工作基本正常，问题出在其他部分。若万用表指针不动（无电压值），则说明发电机未发电，其内部可能有零件或部件不良，应进一步解体检查。

（4）用试灯判断。

①在发动机熄火状态下，接通点火开关，用直流试灯的一端接磁场（"F"）接线柱，另一端接外壳，若试灯亮，则说明发电机励磁电路良好；若试灯不亮，则说明电压调节器有问题。拆下电枢（"+"）接线柱上的线头后起动发动机，使其以稍高于怠速的转速运转，再用试灯的一端接外壳，另一端接"+"接线柱。若灯不亮或为暗红光，则说明交流发电机内部有问题。

②将"+"与"F"接线柱上的线头都拆下，接上试灯后起动发动机并慢慢提高转速，观察试灯。如果试灯灯光随发动机转速升高而增强，则为电压调节器有问题；如果试灯一直发红或亮度无明显变化，则为交流发电机内部有故障。例如，个别二极管损坏，定子绕组某相松脱、短路等，应进一步解体检查。

（5）整流电路的检测判断。将数字式（万用表）置于二极管挡或机械式万用表电阻挡，如图1-9-13所示，红表笔接发电机"E"端，黑表笔接"B+"或"D+"，读数应小于1 V。如果读数为0或∞，则说明整流器损坏；交换表笔，读数应为∞，否则说明整流器损坏。

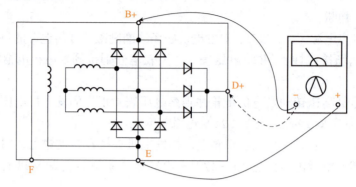

图 1-9-13　整流电路的检测

（6）磁场电路的检测判断。将万用表置于 $R \times 1$ 挡，黑表笔测发电机"F"端（图 1-9-14），红表笔测"E"端（对换表笔也一样），其正常电阻应为 $3 \sim 5 \Omega$。如果阻值为 0，则说明磁场绕组短路或搭铁；如果阻值为 ∞，则说明磁场绕组断路、电刷与滑环间接触不良。

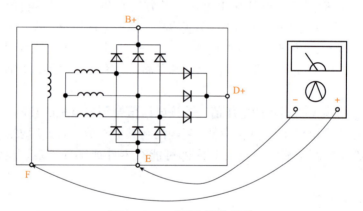

图 1-9-14　磁场电路的检测

2. 发电机的解体检测

（1）用万用表检查判断发电机故障。

①首先拆下发电机各接线柱上的导线，用一根导线将发电机电枢"+"和磁场"F"两接线柱连接起来。

②将万用表拨至直流电压挡（50 VDC），红表笔接至发电机电枢"+"接线柱，黑表笔搭铁。

③起动发电机，并用从发电机电枢"+"接线柱上拆下的那根电源线碰一下磁场接线柱，即对发电机进行励磁，几秒左右将其移开，发动机转速开始缓慢提高。

④观察万用表上所指示的电压值。如果电压随发电机的转速升高而逐渐增大，则发电机工作正常。如果无显示电压值，则发电机不发电，应对发电机进行分解检查。

（2）用试灯判断发电机故障。

①在发动机熄火状态下，接通点火开关，用试灯的一端接"F"接线柱，另一端

接外壳，若试灯亮，则说明发电机励磁电路良好；若试灯不亮，则说明电压调节器有问题，应进行检修。

②将"+"与"F"接线柱上的线头都拆下，接上试灯后起动发动机并慢慢提高转速，如果试灯灯光随发动机转速升高而增强，则为调节器故障；如果试灯一直发红或亮度无明显变化，则为交流发电机内部故障，应进一步解体检修。

（3）交流发电机修复后的正常试验。

①可用一个与发电机电压相同的蓄电池和万用表粗略地检查交流发电机是否发电。先用导线将蓄电池的正极接交流发电机的"F"（磁场）接线柱，蓄电池负极接至发电机外壳[对内搭铁的发电机接"+"（电枢）接线柱]，万用表红表笔接发电机输出端（B+），黑表笔接发电机外壳，然后用手转动带轮。若万用表指针摆动，则说明发电机能发电；反之，则说明发电机有故障。

②可用一汽车仪表灯泡做成的小试灯代替万用表，蓄电池的接线方法与上述相同，将小试灯的两端分别接发电机的电枢与外壳。用手转动带轮，灯亮为发电机能发电，灯不亮则说明发电机有故障。

（4）充电系统的故障判断。

①通过仪表充电指示灯判断。若充电指示灯点亮，则说明充电系统存在故障，应进一步检查故障部位。

②使用万用表测量发电机的发电量。发电机发电时电压一般为 13.5 V 左右，否则应对发电机进行检修。

③当发电机运转时，使用一把长螺钉旋具放到发电机带轮附近，如果感觉到有明显的磁力，说明发电机工作正常，否则应对发电机进行检修（注意：此操作必须注意安全，千万不能碰到发电机传动带，否则将会造成人身伤害）。

（5）发电机传动带的检查和调整。

①查看发电机传动带是否有起皮或拉伤的痕迹，如果有，应更换新传动带。

②用手指按下传动带感觉其松紧度，如果传动带过松或过紧，则应进行调整。对于带自动张紧器的车型，要将传动带和张紧器一起更换，如图 1-9-15 所示。

图 1-9-15　发电机传动带的检查和调整

（6）发电机电刷的检修。

①外观检查。取出电刷，检查电刷是否出现严重磨损或表面磨损不均的现象，若出现，则必须更换。

②测量电刷长度。如图1-9-16所示，使用游标卡尺测量两个电刷的长度，最小值为2.0 mm左右，任何一个电刷的磨损超过极限，都应更换电刷或电刷架总成。

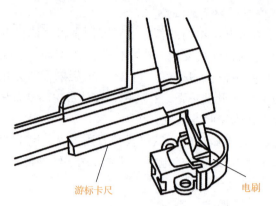

图1-9-16　发电机电刷的检修

（7）发电机转子的检修。

①检查集电环表面的情况。如果集电环表面粗糙，应使用精细砂纸磨平。

②如图1-9-17所示，使用万用表测量集电环之间的电阻，集电环之间电阻应为1.9～2.2 Ω（20 ℃）。如果不在规定范围内，应更换转子。

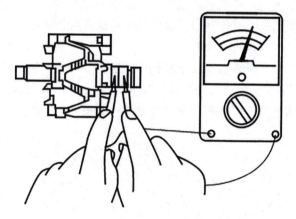

图1-9-17　发电机转子的检修（1）

③如图1-9-18所示，使用万用表检测转子，应该不导通。如果导通，则应更换转子。

（8）电刷弹簧的检修。使用弹簧管压力计测量电刷弹簧力。如图1-9-19所示，2 mm电刷端子凸起处弹簧压力计读数一般为2.0 N左右。若不在规定的范围内，则应更换电刷弹簧。

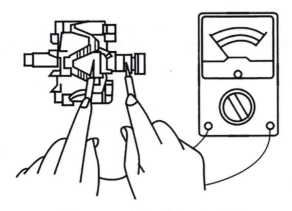

图 1-9-18　发电机转子的检修（2）

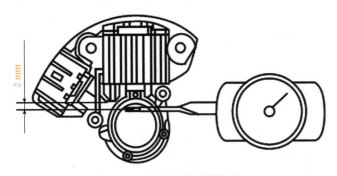

图 1-9-19　测量电刷弹簧力

（9）发电机轴承的检查。如图 1-9-20 所示，根据箭头方向转动轴承，检查是否有异常噪声、松动和卡住的现象，如果出现异常情况，则必须更换轴承。

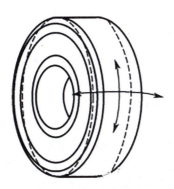

图 1-9-20　检查轴承

（10）发电机异响故障的排除。

①内部异响：主要表现为轴承出现异常，可使用听诊仪进行故障检查，如果发现轴承损坏，应及时更换，否则严重时将造成发电机烧毁。

②外部异响：主要表现为传动带异响，可在发电机运转时在怀疑处加几滴水或机油，如果异响消失，则说明传动带有故障，应更换。

（11）发电机不发电故障的诊断。

①首先检查发电机、调节器和熔丝的连接线路是否松动或接触不良，如果有，将其紧固。

②查看充电指示灯，如果指示灯点亮，则说明发电机不发电，应进行检修。

③使用万用表检查发电机工作时电压是否在 13.5 V 以上，否则说明发电机有故障。

（12）发电机过热故障的诊断。发电机过热的主要表现如下：

①发电机线圈短路或外导线长期短路。

②轴承缺润滑脂或无轴向间隙而发热。

③转子与线圈相互摩擦。

④转子与铁芯相碰。

（13）发电机的故障诊断。

①用螺钉旋具搭在发电机外壳上感到振手，并且发电机运转中有异响，则表明发电机轴承松或电枢接触磁极。

②若电流表指示充电不足，则表明换向器或电枢线圈短路。

③若发动机温度过高或调节器限额电流调整过大，也会引起发电机过热。

④按时检查发电机的轴承润滑脂，必要时可更换润滑脂。

⑤安装发电机时，应保证转子与铁芯的间隙。间隙过大会导致灯光暗淡，过小会发生碰擦而过热。轴向间隙不应超过 0.7 mm。

（14）发电机充电电流过大故障的处理。

①发电机励磁电路中的电流没有受到调节器的控制。

②调节器的弹簧拉力过强或触点烧结打不开，以及调节器的空气间隙过大。

③发电机磁场与电枢接线柱内端导线短路。

④蓄电池亏电过多或内部短路。

⑤使用性能良好的调节器进行代替，判断调节器是否损坏。

（15）发电机充电电流过小故障的处理。发电机传动带松滑、调节器故障、发电机集电环脏污、电刷过度磨损、电刷与集电环接触面积小、电刷弹簧力弱等，可根据上述故障原因，对应检查将故障排除。

（16）发电机不充电故障的排除。

①检查发电机传动带松紧度，并清洗发电机表面油污。

②检查充电系统导线是否松动、熔丝是否烧断。

③打开点火开关，用一字螺钉旋具靠近发电机后轴承盖，检测转子电磁力，如果有明显磁力，则说明励磁回路正常，故障在充电回路；如果没有磁力或磁力微弱，则说明励磁回路有断路、接触不良或短路故障。

④若充电回路有故障，可用试灯的一端搭铁，另一端接触发电机"B"接线柱。若灯亮，则表明蓄电池到发电机电枢接线柱之间连接正常，发电机内部有故障；若灯不亮，则表明蓄电池到发电机"B"接线柱之间断路。

（17）充电不稳定故障的排除。发电机在急速以上运转时，充电指示灯时而亮，时而灭。首先排除发电机传动带打滑或导线接触不良的异常情况；充电指示灯时而亮、时而灭，说明发电机间歇性充电，应检查发电机电刷、集电环、电压调节器等零部件，并视情况进行检修。

四、充电系统控制电路分析及检测

北京现代名图 2.0 L 充电系统控制电路如图 1-9-21 所示。

名图发电机控制电路中由发动机计算机根据当前车辆的用电量来调节发电机的发电电压（占空比），同时发电机还会反馈一个信号给发动机计算机，告知自己现在的负荷状态。

1. 名图发电机工作控制电路分析

（1）发电机 L 号端子与仪表盒 27 连接。该信号输入仪表盘，控制仪表内充电指示灯的亮、灭。

（2）发电机 COM 号端子与发动机控制单元（ECM）的 16 号（C100-AK）端子连接，ECM 根据蓄电池状态判断是否执行发电电压可变控制。当执行发电机电压可变控制时，ECM 根据蓄电池状态计算目标发电机电压，并将计算值作为发电指令信号（PWM 信号）发送至 1 号端子。IC 调压器根据接收到的发电指令信号（PWM 信号）的目标进行发电机电压控制。蓄电池电流传感器安装在负极端子的电缆上，它检测蓄电池的充电/放电电流，并根据电流值将电压信号发送给 ECM。蓄电池电流传感器是一个三线制霍尔式电流传感器，蓄电池电流传感器监测蓄电池电流，它产生一个 128 Hz、占空比为 0%～100% 的 5 V 脉冲宽度调制（PWM）信号。

（3）发电机 FR 号端子与发动机控制单元 ECM 的 51 号（C100-AA）端子连接，是接发动机控制单元 ECM 的线，也称为 DFM 线，它是发电机通过占空比信号向发动机控制单元报告自身负荷情况的线。发动机控制单元通过负载数据来调整发动机转矩和转速，从而调节发电机的输出电压。

（4）发电机通过 1（E61）号端子为蓄电池充电。

2. 名图发电机充电电路

当起动发动机或发动机正常运转时，充电系统工作，其充电回路为交流发电机 1 号端子→交流发电机熔丝 150 A →蓄电池正极→蓄电池→蓄电池负极→车身搭铁→发电机搭铁。

3. 名图发电机充电指示灯电路

常电源→记忆熔丝 7.5 A →仪表盘 40 →仪表盘 27 →发电机 L 端子。当发电机没发电或充电量低时，指示灯两边会形成较大的电位差，指示灯会亮起以警示没充电；当发电机发电量正常时，L 端子会输出较大的电量，这时指示灯两边电位差基本相等，所以指示灯会熄灭。

4. 控制电路检测

用万用表检测发电机电压输出端 1（E61）号电压是否正常。另外，检测 COM 号端子波形是否正常，判断充电指示灯是否点亮。

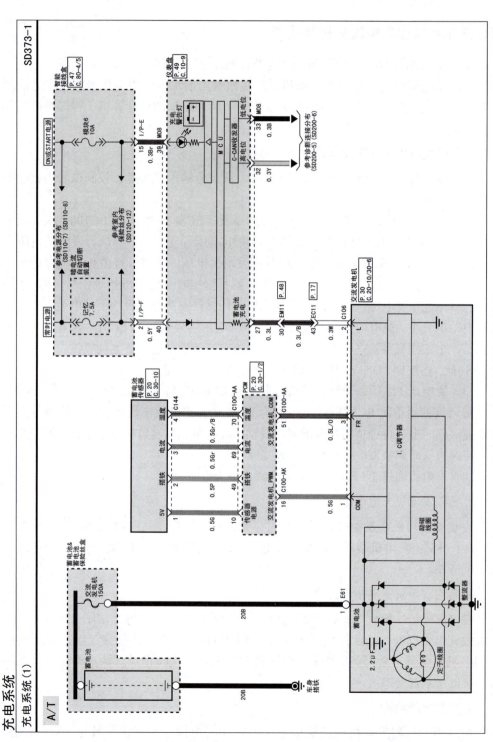

图 1-9-21 北京现代名图电路图

学习笔记

任务实施

学生实训作业单

<table>
<tr><td colspan="3">项目 1　汽车动力系统检测维修　　总学时：85
任务 9　充电系统检测维修　　实训学时：4</td></tr>
<tr><td>姓名：</td><td>学号：</td><td>班级：</td></tr>
<tr><td colspan="2">实训日期：</td><td>指导教师：</td></tr>
<tr><td colspan="3">任务要求：
通过该任务的实施，能够对轿车充电系统的常见故障进行诊断、分析并能给出维修建议</td></tr>
<tr><td colspan="3">一、安全操作及注意事项</td></tr>
<tr><td colspan="3"></td></tr>
<tr><td colspan="3">二、选用的工具</td></tr>
<tr><td colspan="3"></td></tr>
<tr><td colspan="3">三、资料、信息查询</td></tr>
<tr><td colspan="3">1. 充电系统的作用、结构

2. 充电系统常见的故障</td></tr>
</table>

续表

四、诊断步骤和检测结果
1. 故障现象
2. 诊断步骤
3. 检测结果

五、检测结果分析及维修建议

考核评价

"1+X"职业技能汽车充电系统检测维修 – 评分细则【中级】

项目1 汽车动力系统检测维修			日期：			
姓名：	班级：		学号：		指导教师签字：	
自评 □熟练　□不熟练	互评 □熟练　□不熟练		师评 □熟练　□不熟练			
任务9　充电系统检测维修						
序号	考核要点	评分标准	分值	评分要求	自评	互评	师评
1	准备/7S/态度	1. 能进行工位7S操作； 2. 能进行设备和工具安全检查； 3. 能进行车辆安全防护操作； 4. 能进行工具清洁、校准、存放操作； 5. 能进行三不落地操作	15	未完成1项扣3分，扣分不得超过15分			
2	专业技能能力	作业1： 1. 能正确拆装发电机； 2. 能正确检查发电机； 3. 能正确更换发电机； 4. 能正确检测充电系统控制电路； 5. 能正确检测蓄电池电量； 6. 能正确充电电压和电流； 作业2： 1. 能正确查询充电系统结构图； 2. 能正确查询充电系统拆装步骤	50	未完成1项扣5分，扣分不得超过50分			
3	工具及设备的使用能力	1. 能正确使用拆装工具； 2. 能正确使用检测仪器、设备	10	未完成1项扣5分，扣分不得超过10分			
4	资料、信息查询能力	1. 能正确使用维修手册查询资料； 2. 能在规定时间内查询所需资料； 3. 能正确记录所查询资料的章节及页码； 4. 能正确记录所需维修信息	10	未完成1项扣5分，扣分不得超过10分			
5	数据判读和分析的能力	1. 能判读部件名称和位置； 2. 能分析充电机充电电压和电流是否正常	10	未完成1项扣5分，扣分不得超过10分			
6	表单填写与报告的撰写能力	1. 字迹清晰； 2. 语句通顺； 3. 无错别字； 4. 无涂改； 5. 无抄袭	5	未完成1项扣1分，扣分不得超过5分			
得分							
总分							

任务10 点火系统检测维修

一、点火系统概述

点火系统的作用是在发动机各种工况和使用条件下,在气缸内适时、准确、可靠地产生电火花,以点燃可燃混合气,使发动机做功。能够在火花塞两电极间产生电火花的全部设备称为发动机点火系统。一般,汽车点火系统所产生的最高电压大都为 15 000~25 000 V,以保证火花塞电极间跳火点燃可燃混合气。气缸数不同的发动机工作顺序是不同的,点火系要按照发动机做功的顺序进行点火。由于可燃混合气燃烧有一个过程,故应提前点火。准确的点火时刻应在压缩行程活塞接近上止点前,称为点火正时。从点火开始到活塞运行到上止点时曲轴所转过的角度,称为点火提前角。

汽车点火系由火花塞、点火线圈、高压导线等组成。

二、点火系统的类型

汽车点火系统经历了传统点火系统、电子点火系统和微机控制点火系统三个阶段,现在的汽车广泛采用微机控制点火系统。

1. 传统点火系统

传统点火系统主要由蓄电池、点火开关、点火线圈、分电器、断电器和火花塞等组成。点火线圈实际上是一个升压变压器,其主要由一次绕组、二次绕组和铁芯组成。传统点火系统的优点是维护方便、价格低和结构简单;缺点是触电非常容易产生电火花,使触点烧蚀,让接触受到影响,特别是在发动机的转速比较高时,触点闭合的时间较短,不足的高压电会造成高速失火,让发动机在运行时无力和抖动。

2. 电子点火系统

随着晶体管技术的发展,集成电路的产生,电子点火系统替代了传统点火系统。

电子点火系统由蓄电池、电子开关、点火线圈、电子点火器、点火信号发生器、分电器和火花塞等组成。

电子点火系统用一个开关三极管代替传统点火系统的触点,用点火信号发生器控制开关三极管的导通和截止,从而接通和断开点火线圈一次绕组的电路,产生高压电让火花塞跳火，点火信号发生器的触发信号主要有霍尔式、光电式和磁电式等多种方式，这些信号都发送到电子点火器的控制端，使电子开关的通断得到控制。电子开关不会有接触不良的反应，也不会产生电火花，这样就把触点式的点火系统缺点进行了改进，缺点是不能精确地控制点火提前角。

3. 微机控制点火系统

随着微型计算机的迅猛发展，微机控制点火系统迅速普及，微机控制点火系统依靠计算机强大的分析处理数据的能力，根据发动机的不同运行工况不断修正点火提前角，以获得最佳的点火时刻，改善发动机性能，使发动机工作时的动力性和经济性达到最佳，排放污染最小。

微机控制点火系统分为有分电器式微机控制点火系统和无分电器式微机控制点火系统，无分电器式微机点火系统有双缸同时点火系统和单缸独立点火系统，双缸同时点火系统分为二极管分配式和点火线圈分配式。

（1）双缸同时点火系统。配对点火的两个气缸的活塞必须同时到达上止点，即一个气缸处于压缩行程上止点时，另一个气缸处于排气行程上止点。

二极管分配式双缸同时点火系统的工作原理：点火顺序为1、3、4、2的四缸发动机，当ECU接收到曲轴位置传感器发出的相应信号时，会向点火器发出触发点火信号（此次以1、4缸为例），控制器的控制回路使VT_1截止，一次绕组A中的电流被切断，在二次绕组中感应出上"+"下"-"的高压电，经1缸和4缸火花塞构成回路，两个火花塞同时跳火，此时1缸接近压缩终了，混合气被点燃，而4缸正在排气，火花塞空火。以此类推，发动机曲轴转两周各缸做功一次。

点火线圈分配式双缸同时点火系统是由几个相互屏蔽的、结构独立的点火线圈组合成一体，点火控制器中有与点火线圈数量相等的功率晶体管，各控制一个点火线圈的工作。点火控制器根据ECU提供的点火信号，由气缸判别电路按点火顺序轮流触发功率晶体管，使其导通和截止，以此控制点火线圈一次绕组的通断，产生二次电压而点火。

（2）单缸独立点火系统。单缸独立点火系统的点火线圈直接安装在火花塞上，一个气缸配置一个独立的点火线圈，这样就取消了分电器和高压线，能量传导损失及漏电损失极小，没有机械磨损，而且各缸的点火线圈和火花塞装配在一起，外用金属包裹，大幅减少了电磁干扰，可以保障发动机电控系统的正常工作。这种点火方式通过凸轮轴位置传感器或通过监测气缸压缩来实现精确点火，它适用于任何发动机。

三、点火系统主要部件

1. 火花塞

（1）火花塞的作用。火花塞的作用是将点火线圈产生的高压电引入发动机燃烧室，通过电极间间隙产生火花放电，点燃可燃混合气。

（2）火花塞的结构及类型。火花塞的结构如图1-10-1所示，它主要由侧电极、中心电极、铜芯、绝缘瓷芯和端子等组成。

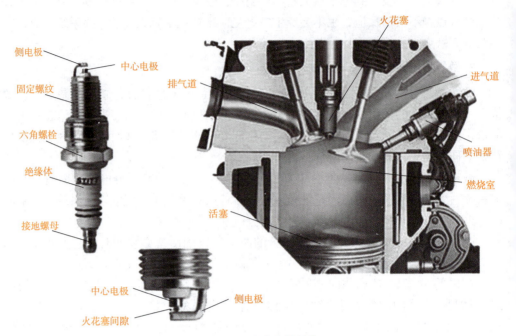

图 1-10-1　火花塞的结构

侧电极和中心电极之间用高氧化铝绝缘瓷芯隔开，端子用于与高压线连接，六角形外壳部分供拆装火花塞用，火花塞下部制有螺纹，安装时拧入气缸盖相应的火花塞座孔中，为了保证火花塞在装入气缸盖后气缸的密封性，钢壳螺纹的上端还有铜包石棉的密封垫圈。

火花塞电极间的间隙对火花塞的工作有很大影响，间隙过小，则火花微弱，并且容易因产生积炭而漏电；间隙过大，所需击穿电压增大，发动机不易起动，且在高速时容易发生"缺火"现象，故火花塞电极间间隙应适当，一般蓄电池点火系统使用的火花塞间隙为 0.7～0.8 mm，个别火花塞间隙可达 1.0 mm 以上。

实践证明，火花塞绝缘体保持在 500～600 ℃温度时，落在绝缘体上的油滴能立即烧去不会形成积炭，火花塞发火部位的热量向发动机冷却系统散发的性能，称为火花塞的热特性。通常用阿拉伯数字表示热值的高低，热值这个参数也很重要，最通俗的解释就是火花塞自身的散热能力。

一般数值越大，表示的火花塞越冷，热型火花塞适用于低速、低压缩比和小功率发动机；冷型火花塞适用于高速、高压缩比和大功率发动机，如图 1-10-2 所示；转速、压缩比和功率介于两者之间的发动机采用中型火花塞。

冷型火花塞：火花塞热值越高，代表散热能力越好，这类火花塞更适用于大功率的发动机。热型火花塞：在相同的工作温度下，不容易产生积炭，但是散热能力相对比较差，适用于不追求动力性能的家用轿车。

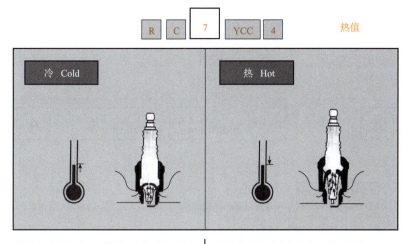

图 1-10-2　火花塞类型

（3）火花塞的使用与维护。

①火花塞的型号规格必须符合发动机要求。对于某型号的发动机，其火花塞的型号规格是通过试验确定的，因此在使用时，必须配用发动机制造厂或公司推荐使用型号的火花塞。每支火花塞上都印有它的型号，这串字符中的第二个字母代表火花塞的尺寸，其中，同时包含了螺纹的直径和长度，如图 1-10-3 所示。

图 1-10-3　火花塞型号标记位置

螺纹直径主要有 10 mm、12 mm 和 14 mm 三种，我国在售的车型中，14 mm 是最主流的尺寸。如图 1-10-4 所示为 NGK 火花塞 PFR5A-11 型号的含义。

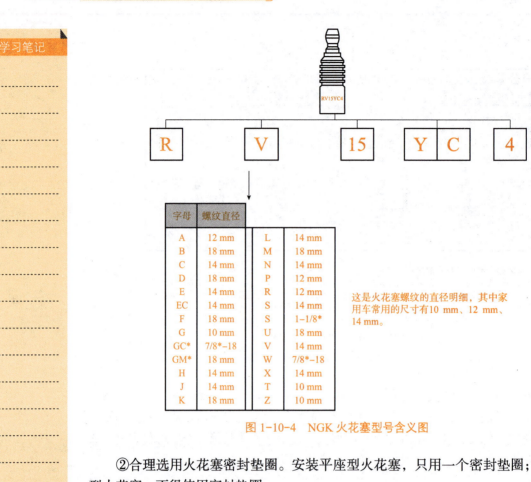

图 1-10-4　NGK 火花塞型号含义图

②合理选用火花塞密封垫圈。安装平座型火花塞，只用一个密封垫圈；安装锥座型火花塞，不得使用密封垫圈。

③火花塞应定期拆下清洗和清除积炭。火花塞使用的材质对于它的更换周期有决定性影响，目前市场上主流的火花塞的材质有铜芯、镍合金芯、白金芯、铱金芯，铜芯建议每隔 2 万～3 万 km 更换一次，镍合金芯的周期比铜芯稍长，在 4 万～6 万 km 更换即可，而铱金芯和白金芯的火花塞金属特性比较稳定，抗氧化能力好，所以使用寿命会相对要长很多，白金芯建议每隔 8 万 km 更换一次；铱金芯建议每隔 10 万 km 更换一次。

一般情况下，汽车每运行 5 000 km，火花塞应拆下清洗一次并将积炭清除。正常的火花塞瓷芯表面洁净，呈白色或淡棕色，或瓷芯上只有微薄一层褐色粉末状积炭，电极完整无缺损，这说明火花塞选型正确，使用条件良好。出现黑（积炭）或湿黑（油污）色为性能不良，应更换火花塞。

④火花塞电极间隙应定期调整。一般情况下，汽车每行驶 15 000～20 000 km，火花塞电极间隙应调整一次，火花塞电极间隙过大通常是电极烧蚀所致，火花塞电极间隙一般标准为 0.7～0.9 mm，检查时应使用火花塞电极间隙量规。

火花塞间隙大小的影响如下：

a. 间隙过大：会出现点火不良的情况，需要更高的脉冲点火电压，容易造成燃油燃烧不充分，从而导致油耗增高，还可能会在发动机工作过程中出现熄火现象，如果发现火花塞间隙过大，需要及时更换火花塞。

b.间隙过小：产生的电弧太短，导致点火能量过弱，点燃不了发动机内的燃料或是燃烧不充分，会导致动力损失，出现起动困难、怠速不稳、动力不足、跑不快等情况，也会一定程度增加油耗。火花塞间隙与油耗有着密切的关系，间隙过大或过小都会增加油耗，那么火花塞间隙正常是多少？一般来说，火花塞间隙为 0.8～1 mm 最省油，选用优质的火花塞加上适当的火花塞间隙，电流强劲，燃烧更充分，更能省油。

⑤火花塞发火性能的检查。在点火系统其他元件无故障的情况下，将火花塞放在气缸盖上，安装好高压线，起动发动机，观察火花塞的跳火情况，若火花塞电极间跳火强烈，说明火花塞良好，否则为发火性能不良，应予以更换。

2. 点火线圈

（1）点火线圈的作用。点火线圈的作用是将低压电变为高压电，以满足火花塞跳火的需要。点火线圈中有两组绕组，即一次绕组和二次绕组，一次绕组用较粗的漆包线，二次绕组用较细的漆包线，一次绕组的一端与汽车上低压电源（+）连接，另一端与开关装置（断电器或点火器）连接，二次绕组的连接方式要看是什么点火线圈。

通常的点火线圈中有两组线圈，即初级线圈和次级线圈。初级线圈用较粗的漆包线，通常用 0.5～1 mm 的漆包线绕 200～500 匝；次级线圈用较细的漆包线，通常用 0.1 mm 左右的漆包线绕 15 000～25 000 匝。初级线圈一端与车上低压电源（+）连接，另一端与开关装置（断电器）连接。次级线圈一端与初级线圈连接，另一端与高压线输出端连接输出高压电。如图 1-10-5 所示为点火线圈结构图。

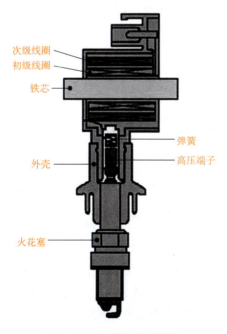

图 1-10-5　点火线圈结构

（2）点火线圈的类型。点火线圈按磁路的结构形式不同，可分为开磁路式和闭磁路式两种。传统的点火线圈是开磁路式，其铁芯用 0.3 mm 左右的硅钢片叠成，铁芯上绕有一次绕组与二次绕组，其接线柱有两接线柱和三接线柱，三接线柱式外壳上有一个附加电阻，该附加电阻具有受热时电阻迅速增大，而冷却时电阻迅速减少的特性。

闭磁路式点火线圈采用"日"字形或"口"字形的铁芯绕一次绕组和二次绕组，磁感线由铁芯构成闭合磁路。闭磁路式点火线圈的优点是漏磁少、能量损失小、体积小，因此电子及微机控制点火系统普遍采用。

电子及微机控制点火线圈有 2 线、3 线和 4 线等结构，在检修中应根据不同情况采取不同的检查方法。

① 2 线点火线圈。2 线点火线圈如图 1-10-6 所示，1 根线为电源线，另 1 根线为信号线，二次绕组的一端接入一次绕组，通过蓄电池形成回路。2 线点火线圈通常安装在低端或者比较老的车辆上面。

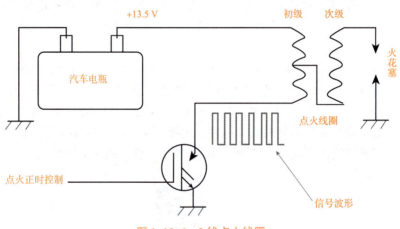

图 1-10-6 2 线点火线圈

② 3 线点火线圈。3 线点火线圈如图 1-10-7 所示，1 根线为电源线，1 根线为信号线，还有 1 根线为二次绕组搭铁线。3 线点火线圈是某些车型的独立点火线圈。

③ 4 线点火线圈。

a. 4 线点火线圈第一种情况如图 1-10-8 所示，1 根线为电源线，1 根线为信号线，1 根线为一次绕组搭铁线，还有 1 根线为二次绕组搭铁线。这种 4 线点火线圈为大众车型采用。

b. 4 线点火线圈第二种情况：1 根线为电源线，1 根线为点火线圈反馈给 ECU 的信号线，1 根线为 ECU 供给点火线圈的信号线，还有 1 根线为一次绕组搭铁线，二次绕组的一端接入一次绕组，通过蓄电池形成回路，发动机如果发现点火线圈未点火，就会控制切断燃油，这种 4 线点火线圈主要是丰田车使用。

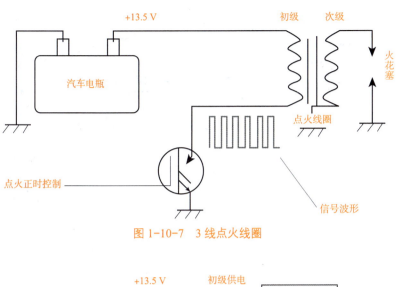

图 1-10-7　3 线点火线圈

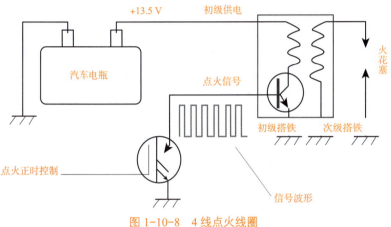

图 1-10-8　4 线点火线圈

（3）点火线圈的工作原理（图 1-10-9）。当初级线圈接通电源时，随着电流的增大，四周产生一个很强的磁场，铁芯储存磁场能；当开关装置使初级线圈电路断开时，初级线圈的磁场迅速衰减，次级线圈就会感应出很高的电压。初级线圈的磁场消失速度越快，电路断开瞬间的电流越大，两个线圈的匝数比越大，则次级线圈感应出来的电压越高。

（4）点火线圈电路。点火线圈电路分为两种：二端子独立点火线圈电路和四端子独立点火线圈电路。如图 1-10-10 所示为二端子、四端子点火电路图。

（5）点火线圈的检修。

①传统点火线圈的检修：外观检查、一次绕组和二次绕组电阻及绝缘的检测。

②电子及微机控制点火线圈的检修。

a. 外观检查：目测点火线圈，若有绝缘盖破裂或外壳破裂，就会受潮而失去点火能力，应予以更换。

b. 一次绕组和二次绕组断路、短路和搭铁的检查。

c. 发火性能的检查。可以用检查火花塞好坏的方法检查点火线圈的好坏。

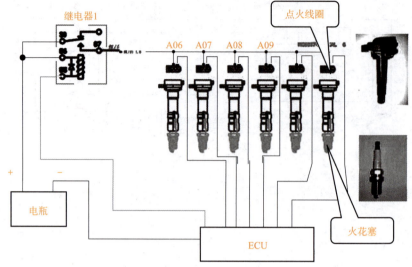

图 1-10-9　点火线圈的工作原理

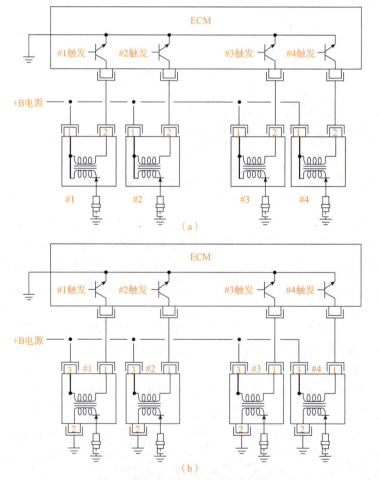

图 1-10-10　几种不同端子电路图

（a）二端子点火线圈电路；（b）四端子点火线圈电路

3. 高压线

高压线（图1-10-11）用来连接点火线圈和火花塞（或分电器），将高压线从火花塞上拔下，靠近气缸盖，然后打火，从高压线和气缸盖之间跳火情况就能看出高压线是否导通了。高压线的常见损坏形式是漏电和断路，将高压线从发动机上拆下，观察其外表，如有破损、龟裂或有击穿漏电的痕迹应更换，高压线的电阻值应符合要求。

图1-10-11　高压线

汽车的高压线是通过点火线圈传输电能以供火花塞点火，从而使发动机做功的一种带有"绝缘"装置的"导线"，其结构并不复杂，在内部的金属导线外通过生产工艺包上一层高强度绝缘体。其能在较高、低温度下有良好的绝缘性和内部传输与导电功能。

4. 曲轴位置传感器和凸轮轴位置传感器

（1）曲轴位置传感器。曲轴位置传感器通常有磁电式、霍尔式、磁阻式。曲轴位置传感器损坏以后，直接会造成发动机无法起动等故障。磁电式曲轴位置传感器，通常分2线与3线的。其中2线的均为交流信号线。如果是3线的，第3根线是交流信号屏蔽线。

曲轴位置传感器原理是飞轮切割磁场，线圈就感应到交流信号电输出，所以输出的电压随转速升高而升高，输出电压是交流电。其检测方法是万用表两根表笔任意接入磁电式曲轴位置传感器的两根信号线进行检测。磁电式曲轴位置传感器输出波形一般为锯齿波，而霍尔式和磁阻式曲轴位置传感器的输出波形是方波，可采用示波器检查传感器信号输出端电压的波形来确定传感器本身是否损坏，如无信号或信号异常，则说明传感器有问题。

（2）凸轮轴位置传感器。汽车应用的传统霍尔传感器为三线制，其插头上有三个接线端子：电源、信号和搭铁。近年来，随着Bosch公司8.0版本的ABS、ESP系统以及TRW公司EBC 450版本的ABS、ESP系统为许多车型配套，二线制（电源、信号）霍尔式凸轮轴位置传感器得到广泛的应用。

四、北京现代名图轿车点火系统检测

1. 点火线圈控制电路分析及检测

北京现代名图轿车的点火线圈控制电路如图1-10-12所示。北京现代名图1.8 L轿车点火线圈控制电路属于2线点火线圈，1根线为电源线，另1根线为信号线，二次绕组的一端接入一次绕组，通过蓄电池形成回路。

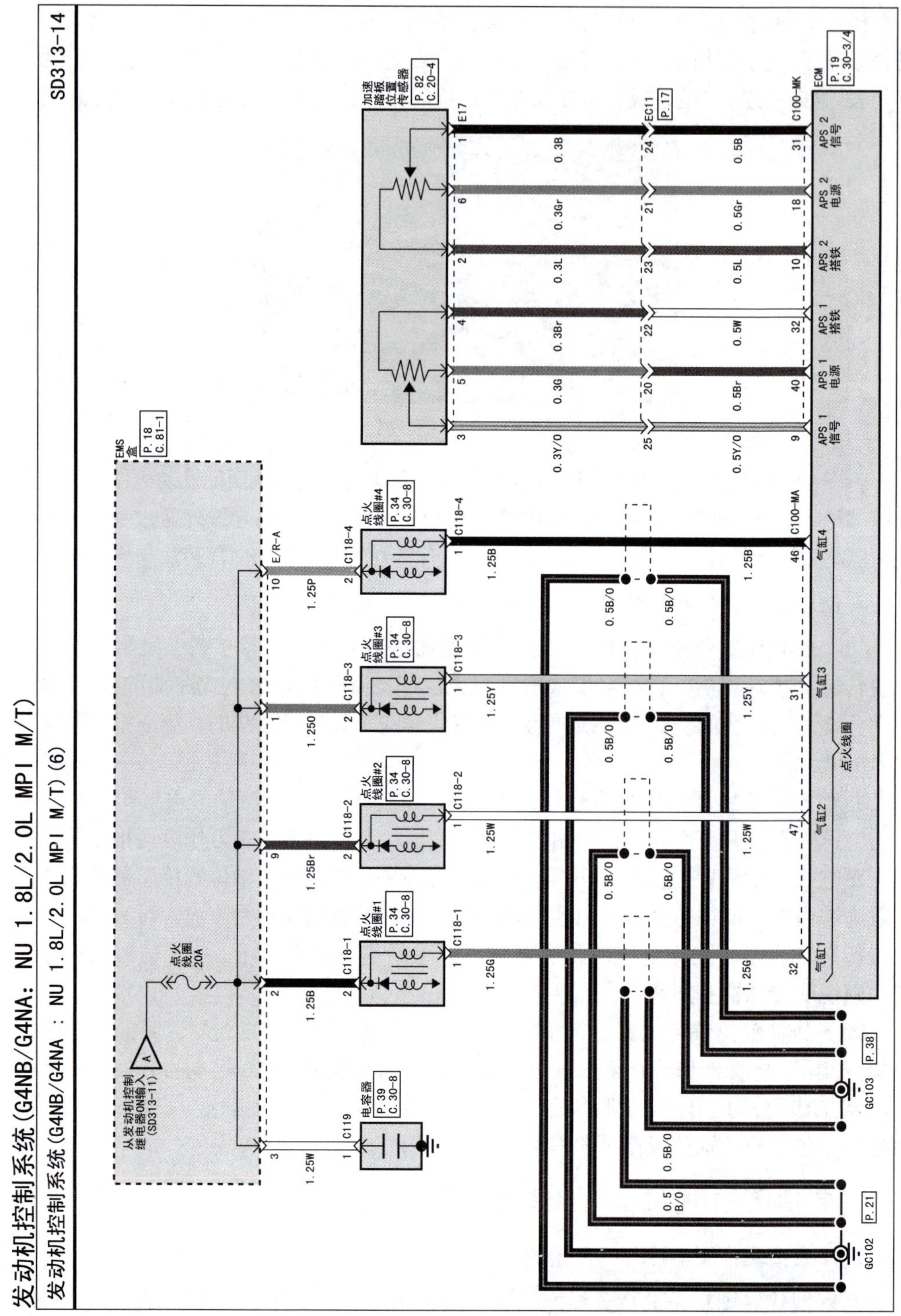

图 1-10-12 北京现代名图轿车点火线圈控制电路

检测方法：用万用表检测一次绕组 C118-1/1 与 C118-1/2 的电阻，用示波器检测一次绕组端 C118-1/1 的波形。

2. 曲轴位置传感器和凸轮轴位置传感器控制电路分析及检测

（1）曲轴位置传感器控制电路分析及检测。北京现代名图轿车曲轴位置传感器是电磁式二线制传感器，如图 1-10-13 所示。

检测方法：用万用表检测 C114（1-2）端子之间电阻，电阻一般为 900～1 000 Ω，用示波器检测 C100-AK/78 或 C100-AK/79 端子分别接地的波形。

（2）凸轮轴位置传感器控制电路分析及检测。北京现代名图轿车凸轮轴位置传感器有 2 个，分别是进气凸轮轴位置传感器和排气凸轮轴位置传感器，都是三线制霍尔传感器，如图 1-10-14 所示，其控制电路由电源、信号、接地三根线束组成。C113-1/1 端子为进气凸轮位置传感器供电电源端子，C113-1/2 端子为进气凸轮位置传感器信号端子，C113-1/3 端子为进气凸轮位置传感器接地端子。

检测方法：用万用表检测 C113-1/1 端子的供电是否正常，用示波器检测 CMPS（进气）/66 端子波形是否正常，用万用表检测 C113-1/3 端子的接地是否正常。

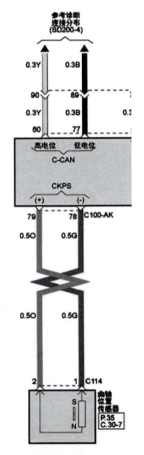

图 1-10-13　北京现代名图轿车曲轴位置传感器控制电路

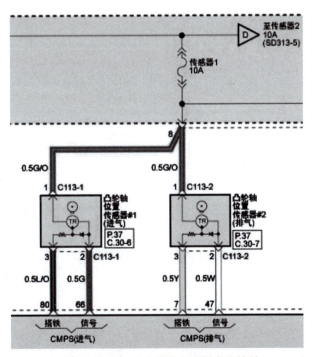

图 1-10-14　北京现代名图轿车凸轮轴位置传感器控制电路

任务实施

学生实训作业单

项目1　汽车动力系统检测维修		总学时：85
任务10　点火系统检测维修		实训学时：6
姓名：	学号：	班级：
实训日期：		指导教师：

任务要求：
通过该任务的实施，能够对点火系统的常见故障进行诊断、分析并能给出维修建议

一、安全操作及注意事项

二、选用的工具

三、资料、信息查询

1. 点火系统的作用、结构

2. 点火系统常见的故障

续表

四、诊断步骤和检测结果
1. 故障现象
2. 诊断步骤
3. 检测结果
五、检测结果分析及维修建议

考核评价

"1+X"职业技能汽车点火系统检测维修 – 评分细则【中级】

项目1 汽车动力系统检测维修				日期：			
姓名：		班级：		学号：		指导教师签字：	
自评 □熟练 □不熟练		互评 □熟练 □不熟练		师评 □熟练 □不熟练			
任务10 点火系统检测维修							
序号	考核要点	评分标准		分值	评分要求	自评	互评	师评

序号	考核要点	评分标准	分值	评分要求	自评	互评	师评
1	准备/7S/态度	1. 能进行工位7S操作； 2. 能进行设备和工具安全检查； 3. 能进行车辆安全防护操作； 4. 能进行工具清洁、校准、存放操作； 5. 能进行三不落地操作	15	未完成1项扣3分，扣分不得超过15分			
2	专业技能能力	作业1： 1. 能正确拆检及更换点火线圈； 2. 能正确拆检及更换火花塞； 3. 能正确更换高压线束； 4. 能正确检测点火线圈控制电路； 5. 能正确诊断点火系统常见故障； 6. 能正确检测曲轴和凸轮轴位置传感器 作业2： 1. 能正确查询点火系结构图； 2. 能正确查询点火系拆装步骤	50	未完成1项扣5分，扣分不得超过50分			
3	工具及设备的使用能力	1. 能正确使用拆装工具； 2. 能正确使用检测仪器、设备	10	未完成1项扣5分，扣分不得超过10分			
4	资料、信息查询能力	1. 能正确使用维修手册查询资料； 2. 能在规定时间内查询所需资料； 3. 能正确记录所查询资料的章节及页码； 4. 能正确记录所需维修信息	10	未完成1项扣5分，扣分不得超过10分			
5	数据判读和分析的能力	1. 能判读部件名称和位置； 2. 能分析点火线圈电阻、电压、波形否正常	10	未完成1项扣5分，扣分不得超过10分			
6	表单填写与报告的撰写能力	1. 字迹清晰； 2. 语句通顺； 3. 无错别字； 4. 无涂改； 5. 无抄袭	5	未完成1项扣1分，扣分不得超过5分			
		得分					
		总分					

项目 1 >>> 汽车动力系统检测维修

任务 11　曲轴箱强制通风系统检测维修

知识准备

一、曲轴箱强制通风系统概述

1. 作用

在发动机工作时，有部分可燃混合气和燃烧产物会经气缸、活塞环窜入曲轴箱内，窜入的气体由于温度的下降，一部分会凝结在机油中，使机油变稀、性能变差，同时形成泡沫，影响润滑质量，漏入曲轴箱中的废气遇水会生成酸类，腐蚀机件，使润滑油变质；另外，漏入的气体会造成曲轴箱压力和温度升高，导致机油从油封、衬垫处泄漏。因此，曲轴箱强制通风（PCV）系统的作用是将排出的气体回收，同时使新鲜空气进入曲轴箱，形成不断的对流，平衡曲轴箱内的压力。

2. 组成

PCV 系统由空气滤清器、进气管、出气管、PCV 阀等组成，如图 1-11-1 所示。

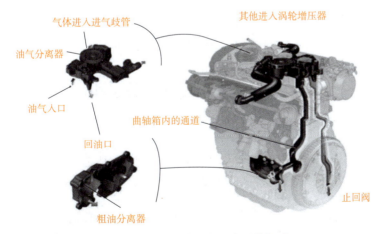

图 1-11-1　曲轴箱强制通风系统组成

3. 曲轴箱强制通风系统的工作原理

发动机工作时，新鲜空气经空气滤清器进入气门室罩盖内，然后与曲轴箱内窜气混合，曲轴箱窜气经过缸体与缸盖的油气通道，再经罩盖上的 PCV 阀后，通过出气管进入进气管中，因此，有适量的窜气在气缸内再次燃烧。

· 121 ·

PCV 阀可防止发动机怠速和小负荷工况时过多的气体未经计量进入气缸,造成空燃比失调,因此它的主要作用是调节发动机怠速、中等负荷和大负荷的通风强度。具有涡轮增压器的车型上装配的曲轴箱强制通风系统,因进气管内并不常保持负压状态,在涡轮增压器投入工作时甚至是处于正压状态,若只采用一根连接进气管的出气管,会导致曲轴箱强制通风装置在发动机处于非自然吸气工况时,不能进行正常通风,因此在这样的车型上,曲轴箱通风出气管分为两根,一根通向进气管,另一根通向涡轮增压器进气入口处。如图 1-11-2 所示为发动机在不同工况时,PCV 阀的工作情况。

图 1-11-2(a)表示发动机怠速时,进气管内真空度最大,阀芯被吸压靠向阀座,因此曲轴箱中的窜气只能通过阀的缝隙或小孔通过,流量较小,保持怠速稳定。

图 1-11-2(b)表示中等负荷时,进气管内真空度下降,阀芯在弹簧的作用下离开阀座,使通风量适当加大,保证曲轴箱内的气体及时抽出和新鲜冷空气的进入。

图 1-11-2(c)表示大负荷时,进气管内的真空度已很小,阀芯完全打开,通风量最大,曲轴箱内的新旧气体大量对流。

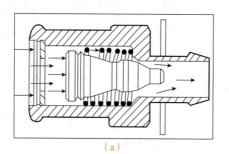
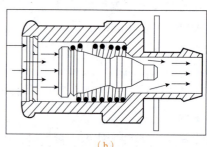

(a) (b)

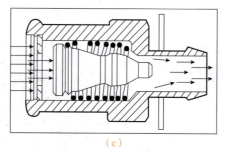

(c)

图 1-11-2 PCV 阀不同工况下的工作情况

(a)怠速工况;(b)中等负荷工况;(c)大负荷工况

在两根管路之间设有两个单向阀,当发动机怠速或小负荷工况时,曲轴箱蒸气由进气管进入,在其他工况下时,曲轴箱蒸气由涡轮增压器进气入口进入,保证了曲轴箱的正常通风。

二、曲轴箱强制通风系统的常见故障

1. 曲轴箱通风不畅

(1)故障现象:曲轴箱通风不畅会造成曲轴箱内压力过高,故障表现为从发动机各接合部位的油封、衬垫处渗漏机油，发动机机油消耗过快、排气冒蓝烟，严重时甚至会在发动机运行时从机油检查尺口向外喷溅机油。

（2）故障原因：

①PCV阀卡滞在关闭位置（机械原因卡滞或被脏污的机油泥黏住）；

②通风管路堵塞；

③曲轴箱内自身压力过高。

（3）故障检修：首先拆下通风管路检查管路中是否有油泥沉积堵塞情况，如有可清理、疏通或更换；其次可拆下PCV阀晃动检查其阀芯能否发出"咯咯"的活动声，否则可视为阀芯卡滞而堵塞，或在PCV阀的两端管口连接管子，用嘴吹、吸的方式模拟曲轴箱通风不同工况下PCV阀的流量通断情况，如PCV阀损坏，应更换；最后若曲轴箱通风系统本身无故障，但仍然存在上述故障现象，应考虑是因发动机活塞、环及缸壁密封性变差向下窜气导致，可用曲轴箱窜气测量仪进行检测，必要时拆检、维修发动机。

2. 曲轴箱通风过度

（1）故障现象：曲轴箱通风过度主要指曲轴箱通风装置不能随发动机工况变化自动调节通风量，在某些车型上会表现为发动机怠速不稳或转速过高，或因进气真空作用导致大量机油及蒸气被吸入发动机中燃烧，而导致发动机机油消耗过快，排气冒蓝烟。

（2）故障原因：

①PCV阀损坏（单向阀失去作用，处于常开状态）；

②PCV阀维护时装反。

（3）故障检修：若PCV阀装反导致曲轴箱通风过度，可按正确方法重新安装即可；若PCV阀损坏导致曲轴箱通风过度，应更换PCV阀。另外，曲轴箱通风系统在工作时，有时会表现为随发动机运转工况变化，在单向阀部位发出连续的敲击噪声，这是单向阀内部的弹簧性能衰退，其自动调节作用变差所致，通常通过更换单向阀即可解决。现在很多车型已将曲轴箱通风系统中的单向阀、调压阀、油气分离器等部件集成为一体设计，在检查出某一部件故障后，一般需更换总成才能解决问题。

三、北京现代名图轿车曲轴箱强制通风系统拆检流程

（1）从PCV阀分离蒸气软管后拆卸PCV阀。

（2）重新连接PCV阀至蒸气软管。

（3）检查PCV阀工作状态。

①怠速运转发动机。

②用手指堵住PCV阀的开口端。

③确认可以感觉到进气管真空（PCV阀内侧的柱塞在真空作用下将前、后移动）。

④如果没有感受到真空，清洁或更换蒸气软管。

（4）检测之后按拆卸的相反顺序安装。PCV阀安装力矩：1.96～2.94 N·m。

任务实施

学生实训作业单

项目1　汽车动力系统检测维修	总学时：85
任务11　曲轴箱强制通风系统检测维修	实训学时：2

姓名：	学号：	班级：
实训日期：		指导教师：

任务要求：
通过该任务的实施，能够对曲轴箱强制通风系统的常见故障进行诊断、分析并能给出维修建议

一、安全操作及注意事项

二、选用的工具

三、资料、信息查询

1. 曲轴箱强制通风系统的作用、结构

2. 曲轴箱强制通风系统常见的故障

续表

四、诊断步骤和检测结果
1. 故障现象
2. 诊断步骤
3. 检测结果

五、检测结果分析及维修建议

考核评价

"1+X"职业技能汽车曲轴箱强制通风系统检测维修-评分细则【中级】

项目1 汽车动力系统检测维修			日期：			
姓名：	班级：		学号：		指导教师签字：	
自评 □熟练 □不熟练	互评 □熟练 □不熟练		师评 □熟练 □不熟练			
任务11 曲轴箱强制通风系统检测维修						
序号	考核要点	评分标准	分值	评分要求	自评	互评	师评
1	准备/7S/态度	1. 能进行工位7S操作； 2. 能进行设备和工具安全检查； 3. 能进行车辆安全防护操作； 4. 能进行工具清洁、校准、存放操作； 5. 能进行三不落地操作	15	未完成1项扣3分，扣分不得超过15分			
2	专业技能能力	作业1： 1. 能正确检查曲轴箱强制通风阀； 2. 能正确检测曲轴箱强制通风系统的真空度，并能正确分析； 3. 能正确对曲轴箱强制通风系统的组件进行更换 作业2： 1. 能正确查询曲轴箱强制通风系统的结构图； 2. 能正确查询曲轴箱真空度检测方法	50	未完成1项扣5分，扣分不得超过50分			
3	工具及设备的使用能力	1. 能正确使用拆装工具； 2. 能正确使用检测仪器、设备	10	未完成1项扣5分，扣分不得超过10分			
4	资料、信息查询能力	1. 能正确使用维修手册查询资料； 2. 能在规定时间内查询所需资料； 3. 能正确记录所查询资料的章节及页码； 4. 能正确记录所需维修信息	10	未完成1项扣5分，扣分不得超过10分			
5	数据判读和分析的能力	1. 能判读部件名称和位置； 2. 能分析曲轴箱真空度否正常	10	未完成1项扣5分，扣分不得超过10分			
6	表单填写与报告的撰写能力	1. 字迹清晰； 2. 语句通顺； 3. 无错别字； 4. 无涂改； 5. 无抄袭	5	未完成1项扣1分，扣分不得超过5分			
得分							
总分							

任务 12　废气再循环系统检测维修

一、废气再循环系统概述

1. 作用

排气净化装置

废气再循环（EGR）系统的作用是把发动机排出的部分废气回送到进气歧管，并与新鲜空气混合再次进入气缸燃烧，废气中含有大量的 CO_2 等多原子气体，而 CO_2 等气体不能燃烧却由于其比热容高而吸收大量的热，使气缸中混合气的最高燃烧温度降低，从而减少了 NO_x 的生成量。

2. 组成及工作原理

废气再循环系统一般由废气再循环阀、废气调整阀、三通电磁阀、EGR 位置传感器、电控单元及相应管道等组成（图 1-12-1）。

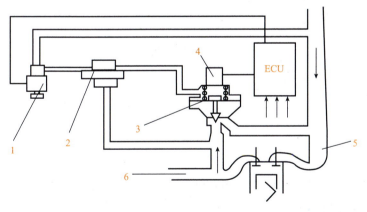

图 1-12-1　EGR 系统的组成

1—三通电磁阀；2—废气调整阀；3—EGR 阀；4—EGR 位置传感器；5—进气管；6—排气管

当发动机工作时，计算机控制三通电磁阀，该电磁阀控制废气调整阀，废气调整阀控制通往废气再循环阀的真空的大小，以控制 EGR 阀的开度，从而决定废气再循环量。当发动机冷却液温度低于 50 ℃，或处于怠速或小负荷、急减速或急加速、高速运转等工况时，计算机将切断三通电磁阀，停止废气再循环，以保证发动机的输出功率。

二、废气再循环系统的检修

废气再循环（EGR）阀损坏可能造成气缸混合气过稀、出现动力不足、加速无力、发动机抖动严重，发动机转速有时不稳定，而且油耗高。其原因可能是 EGR 阀积炭卡死关不严，废气一直参与燃烧。

排气温度会适当提高，相应的水温也会缩短升温周期，三元催化转换器损坏、尾气不合格等，其原因可能是 EGR 阀打不开。

检修方法：

（1）在冷车状态下，踩加速踏板，使发动机转速升高到 2 000 r/min 左右，此时废气再循环阀应不开启，手指上感觉不到膜片的动作。

（2）在热车状态下，踩下加速踏板，使发动机转速上升到 2 000 r/min 左右，此时废气再循环阀应开启，手指应可感觉到膜片的动作，否则，说明系统工作不正常，应进一步检查系统各部件。

（3）废气再循环阀（EGR 阀）的检查方法是发动机熄火后，拔下 EGR 电磁阀插头，冷态下测量电磁阀电阻，一般应为 33～39 Ω。电磁阀不通电时，从进气管侧接头吹入空气应畅通，从通大气的滤网处吹入空气应不通。当给电磁阀通电时，从进气管侧接头吹入空气应不通，从通大气的滤网处吹入空气应畅通，否则应更换电磁阀。

（4）拆下电磁阀，用手动真空泵给 EGR 阀膜片上方施加约 15 kPa 的真空度时，EGR 阀应能开启，不施加真空度时，EGR 阀应能完全关闭，否则应更换 EGR 阀。

任务实施

学生实训作业单

项目 1　汽车动力系统检测检修		总学时：85
任务 12　废气再循环系统检测维修		实训学时：3
姓名：	学号：	班级：
实训日期：		指导教师：
任务要求： 通过该任务的实施，能够对废气再循环系统的常见故障进行诊断、分析并能给出维修建议		
一、安全操作及注意事项		

续表

二、选用的工具

三、资料、信息查询
1. 废气再循环系统的作用、结构
2. 废气再循环系统常见的故障

四、诊断步骤和检测结果
1. 故障现象
2. 诊断步骤
3. 检测结果

五、检测结果分析及维修建议

考核评价

"1+X"职业技能汽车废气再循环系统检测维修 – 评分细则【中级】

项目1 汽车动力系统检测维修			日期：			
姓名：	班级：		学号：		指导教师签字：	
自评 □熟练 □不熟练	互评 □熟练 □不熟练		师评 □熟练 □不熟练			
任务12 废气再循环系统检测维修						
序号	考核要点	评分标准	分值	评分要求	自评	互评	师评
1	准备/7S/态度	1. 能进行工位7S操作； 2. 能进行设备和工具安全检查； 3. 能进行车辆安全防护操作； 4. 能进行工具清洁、校准、存放操作； 5. 能进行三不落地操作	15	未完成1项扣3分，扣分不得超过15分			
2	专业技能能力	作业1： 1. 能正确检查废气再循环系统电磁阀的电阻、电压； 2. 能读取和分析废气再循环电磁阀的故障码及数据流； 3. 能正确检查、测试、更换废气再循环系统部件 作业2： 1. 能正确查询废气再循环系统的结构图； 2. 能正确查询废气再循环系统检测的方法	50	未完成1项扣5分，扣分不得超过50分			
3	工具及设备的使用能力	1. 能正确使用拆装工具； 2. 能正确使用检测仪器、设备	10	未完成1项扣5分，扣分不得超过10分			
4	资料、信息查询能力	1. 能正确使用维修手册查询资料； 2. 能在规定时间内查询所需资料； 3. 能正确记录所查询资料的章节及页码； 4. 能正确记录所需维修信息	10	未完成1项扣5分，扣分不得超过10分			
5	数据判读和分析的能力	1. 能判读部件名称和位置； 2. 能分析废气再循环系统数据否正常	10	未完成1项扣5分，扣分不得超过10分			
6	表单填写与报告的撰写能力	1. 字迹清晰； 2. 语句通顺； 3. 无错别字； 4. 无涂改； 5. 无抄袭	5	未完成1项扣1分，扣分不得超过5分			
得分							
总分							

任务 13　二次空气喷射系统检测维修

一、二次空气喷射系统概述

1. 作用

在车辆冷起动时，系统将一部分新鲜空气压进排气管中，与怠速时发动机排出的高温未燃气体混合后，在排气管中再次氧化，减少冷起动工况的有害物排放；加速三元催化转换器和氧传感器升温，使其迅速达到正常工作温度。

2. 组成及工作原理

二次空气喷射系统由空气喷射控制阀、三元催化转换器、电子空气泵、空气滤清器组成，如图 1-13-1 所示。

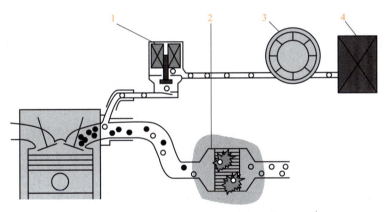

图 1-13-1　二次空气喷射系统组成图

1—空气喷射控制阀；2—三元催化转换器；3—电子空气泵；4—空气滤清器

二次空气喷射系统空气喷入部位位于排气歧管基部。二次空气喷射系统工作原理如下：

（1）发动机控制单元激活二次空气喷射系统开始工作，发动机控制单元输出信号控制空气喷射控制阀工作，阀门打开，压力经过阀体到达二次空气组合阀，在负压的作用下组合阀打开。

（2）同时发动机控制单元控制二次空气泵继电器工作，继电器工作后接通二次空气泵电机的电源，使二次空气泵电机把经过空气滤清器的干净新鲜空气输送到二次空气组合阀，此时二次空气组合阀已打开，所以空气经过二次空气组合阀直接输送到排气管内。二次空气泵的作用是在短时间内将空气压进排气门后面的废气中。

（3）发动机控制单元接收冷却液温度传感器的输入信号来控制二次空气供给系统的工作时间，冷却液温度 5～33 ℃时控制供给系统工作 100 s，冷却液温度 3 396 ℃时工作 10 s。

（4）二次空气喷射系统工作结束时，发动机控制单元控制二次空气喷射阀停止工作，阀门关闭。因为阀门关闭，二次空气组合阀没有压力驱动，也会停止工作，阀门关闭，发动机排出的废气会被阀门阻挡，不会经过管路窜进发动机进气系统。同时发动机控制单元也断开对二次空气泵继电器的控制，继电器不工作，二次空气泵电机没有供电也将停止工作。

二、二次空气喷射系统检修

1. 二次空气喷射阀

二次空气喷射阀位于进气管下，主要作用是通过控制气压来驱动二次空气机械阀。出现故障的检查方法如下：

（1）读取故障码：通过诊断仪检测二次空气喷射阀有无故障代码。

（2）自诊断：通过诊断仪动作测试进行自诊断，如果无故障码，而且动作测试正常，则可判断二次空气喷射阀电路部分无故障。

（3）管路检查：需要检查阀体连接的真空管、软管的密封性，需要管路良好、不漏气，无堵塞及弯曲。

（4）线路检测：利用万用表测量二次空气喷射阀控制线路有无断路、短路。

2. 二次空气组合阀

二次空气组合阀的常见故障是阀卡死，主要原因是排气侧积炭和进气侧含有水分致使阀体生锈。二次空气组合阀检测方法如下：

（1）密封性检查：在组合阀出气口处向阀体内吹气，正常的阀体为了隔绝废气窜入进气管，应该是紧闭，密封性良好，如果向内吹气阀体不能紧闭，则有故障，需要更换。

（2）动作测试：利用真空枪在阀体与二次空气喷射阀相连的接口上抽真空，阀体应能顺利开启，二次空气喷射阀通电工作之后会有一个负压经过二次空气喷射阀控制，二次空气喷射阀打开，负压到达二次空气组合阀时，在压力的作用下二次空气组合阀的阀门会打开，不能打开或者打开缓慢有卡滞，则需要更换。

3. 二次空气泵继电器

二次空气泵继电器位于发动机舱继电器盒内，它的作用是为二次空气泵提供电源，控制二次空气泵工作，对于二次空气泵继电器的检修，需要分成元件和线路两部分进行。方法如下：

（1）元件检查：对继电器进行动作测试，给继电器 85# 和 86# 端子分别接上蓄电池正、负极，通电之后正常情况下能听到线圈吸合开关"嗒"的一声，再用万用表 Ω

挡测量继电器 30# 和 87# 端子之间的通断，正常情况下电阻值应小于 1 Ω，如果开关测量电阻显示无穷大，则继电器需要更换。

（2）线路检查：继电器有 4 条线路，接 86# 端子的线路为继电器控制线路，与发动机控制单元相连接，需要继电器工作时，发动机控制单元会输出 1 个控制电压，85# 端子则搭铁，可以直接在 85# 端子处测量与搭铁点之间的电阻值，5 Ω 以下都是正常，继电器 30# 端子则为电源，经过继电器开关之后输送到二次空气泵电机，测量 30# 端子有无电压，测量 87# 端子至二次空气泵电机的线路通断。

4. 二次空气泵

二次空气泵是整个二次空气喷射系统作用最大的零部件，供给排气管的新鲜、干净空气都是靠它供应，对于二次空气泵的故障，需要先读取故障码。诊断流程如下：

（1）线路检查：二次空气泵不工作先检查供电线路和搭铁线路，前面二次空气泵继电器的检查中已经说明了供电线路。还需要检查二次空气泵相连的管路有无堵塞、弯折。

（2）自诊断：对二次空气泵本身做动作测试，拆下二次空气泵上的进、出气软管，利用诊断仪起动二次空气泵继电器工作，二次空气泵电机通电后应能工作，出风口出风，不出风则需要更换二次空气泵，不能间隙工作则需要进一步对二次空气泵进行检查。

三、丰田车辆二次空气喷射系统检修

1. 二次空气喷射系统控制电路分析

丰田海狮车二次空气喷射系统由空气泵、空气喷射控制阀、空气喷射驱动器和连接管等组成。发动机控制单元通过空气喷射驱动器控制空气泵及空气喷射控制阀工作，同时空气喷射驱动器将二次空气喷射系统工作状态反馈给发动机控制单元（图 1-13-2）。

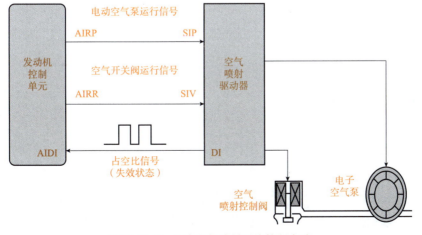

图 1-13-2　二次空气喷射系统控制电路

2. 检测方法

（1）断开空气喷射控制阀与空气泵的连接软管，起动发动机，在发动机怠速工作时，用故障诊断仪强制二次空气喷射系统工作，并将手放在空气喷射控制阀进气口处，可以感到发动机的排气气流，但感受不到空气泵的气流。这表明二次空气喷射系统的空气阀工作正常，但空气泵没工作。

（2）查阅电路图，找到空气泵的电源端，用万用表检测供电，供电正常，说明空气泵电源端有电但电机未运转，可能是空气泵本身故障。拆检空气泵，发现空气泵电机已烧毁。

3. 故障机理分析

由于空气喷射驱动器内部击穿，造成电机电源线同 50 A 熔丝常通，使电机因超时运转而烧毁。更换空气喷射驱动器及空气泵后，故障排除。

任务实施

学生实训作业单

项目 1　汽车动力系统检测维修		总学时：85
任务 13　二次空气喷射系统检测维修		实训学时：3
姓名：	学号：	班级：
实训日期：		指导教师：
任务要求： 通过该任务的实施，能够对二次空气喷射系统的常见故障进行诊断、分析并能给出维修建议		
一、安全操作及注意事项 		
二、选用的工具 		

续表

三、资料、信息查询
1. 二次空气喷射系统的作用、结构
2. 二次空气喷射系统常见的故障
四、诊断步骤和检测结果
1. 故障现象
2. 诊断步骤
3. 检测结果
五、检测结果分析及维修建议

考核评价

"1+X"职业技能汽车二次空气喷射系统检测维修 – 评分细则【中级】

项目1	汽车动力系统检测维修		日期：	
姓名：	班级：		学号：	指导教师签字：
自评 □熟练 □不熟练	互评 □熟练 □不熟练		师评 □熟练 □不熟练	

任务13	二次空气喷射系统检测维修						
序号	考核要点	评分标准	分值	评分要求	自评	互评	师评
1	准备/7S/态度	1. 能进行工位7S操作； 2. 能进行设备和工具安全检查； 3. 能进行车辆安全防护操作； 4. 能进行工具清洁、校准、存放操作； 5. 能进行三不落地操作	15	未完成1项扣3分，扣分不得超过15分			
2	专业技能能力	作业1： 1. 能正确检测二次空气喷射系统电子元件，分析是否正常； 2. 能读取和分析二次空气喷射系统的故障码及数据流； 3. 能正确检查、测试、二次空气喷射系统机械部件、电子电气部件和线束 作业2： 1. 能正确查询二次空气喷射系统的结构图； 2. 能正确查询二次空气喷射系统检测的方法	50	未完成1项扣5分，扣分不得超过50分			
3	工具及设备的使用能力	1. 能正确使用拆装工具； 2. 能正确使用检测仪器、设备	10	未完成1项扣5分，扣分不得超过10分			
4	资料、信息查询能力	1. 能正确使用维修手册查询资料； 2. 能在规定时间内查询所需资料； 3. 能正确记录所查询资料的章节及页码； 4. 能正确记录所需维修信息	10	未完成1项扣5分，扣分不得超过10分			
5	数据判读和分析的能力	1. 能判读部件名称和位置； 2. 能分析二次空气喷射系统数据否正常	10	未完成1项扣5分，扣分不得超过10分			
6	表单填写与报告的撰写能力	1. 字迹清晰； 2. 语句通顺； 3. 无错别字； 4. 无涂改； 5. 无抄袭	5	未完成1项扣1分，扣分不得超过5分			
		得分					
		总分					

任务 14 三元催化转换器检测维修

知识准备

一、三元催化转换器概述

1. 作用

三元催化转换器是将汽车尾气中排出的 CO、HC、NO_x 等有害气体转变为无害的 CO_2、H_2O 和 N_2。随着环境保护要求的日益苛刻,越来越多的汽车安装了废气催化转换器等装置。

2. 组成

三元催化转换器一般由壳体、减振层、载体和催化剂涂层等部分组成。三元催化转换器壳体由不锈钢材料制成,以防氧化皮脱落造成载体堵塞,减振层一般采用膨胀垫片或钢丝网垫,起密封、保温和固定载体的作用,防止三元催化转换器壳体受热变形等对载体造成损害。

二、三元催化转换器的检修

三元催化转换器堵塞引起的故障有尾气排放超标、油耗增加、动力下降、发动机抖动经常熄火。

三元催化转换器堵塞的原因有使用有铅汽油、乙醇汽油,以及长期使用含硫、磷抗氧剂的机油;开车习惯化长期在拥堵道路上行驶,怠速时间过长。

在车辆使用过程中,可以采用以下方法对三元催化转换器进行检查。

(1)外部检视。观察三元催化转换器表面有无损伤或斑痕,如果其表面有刮痕、凹痕或裂纹等,则说明三元催化转换器受到过损伤,如果三元催化转换器外壳上有严重的褪色斑点或有青色与紫色的斑痕,或在其防护罩的中央有明显的暗灰色斑点,则说明三元催化转换器曾因某种原因发生过热故障,需要进一步进行检查。

(2)轻轻敲击并晃动三元催化转换器。注意听其内部是否有碎物移动的声音,如果有,则说明催化剂载体已破碎,需要更换三元催化转换器。

(3)观察仪表板上排气温度警告灯是否发亮。如果该警告灯闪烁,则说明三元催化转换器过热,温度已达 850~900 ℃,此时应当停止运转发动机,使三元催化转换器缓慢冷却。待温度降下来之后,再次起动发动机。如果排气温度警告灯仍然亮起,则应当进一步查明原因并排除故障。

任务实施

学生实训作业单

项目1 　汽车动力系统检测维修	总学时：85
任务14　三元催化转换器检测维修	实训学时：2

姓名：	学号：	班级：
实训日期：		指导教师：

任务要求：
通过该任务的实施，能够对三元催化转换器的常见故障进行诊断、分析并能给出维修建议

一、安全操作及注意事项

二、选用的工具

三、资料、信息查询

1. 三元催化转换器的作用、结构

2. 三元催化转换器常见的故障

四、诊断步骤和检测结果

1. 故障现象

2. 诊断步骤

3. 检测结果

五、检测结果分析及维修建议

考核评价

"1+X"职业技能汽车三元催化转换器系统检测维修－评分细则【中级】

项目1 汽车动力系统检测维修			日期：	
姓名：	班级：		学号：	指导教师签字：
自评 □熟练 □不熟练	互评 □熟练 □不熟练		师评 □熟练 □不熟练	

任务14 三元催化转换器检测维修

序号	考核要点	评分标准	分值	评分要求	自评	互评	师评
1	准备/7S/态度	1.能进行工位7S操作； 2.能进行设备和工具安全检查； 3.能进行车辆安全防护操作； 4.能进行工具清洁、校准、存放操作； 5.能进行三不落地操作	15	未完成1项扣3分，扣分不得超过15分			
2	专业技能能力	作业1： 1.能正确读取和分析与三元催化转换器相关的故障码及数据流； 2.能正确检查、清洁和更换催化转换器 作业2： 1.能正确查询三元催化转换器的结构图； 2.能正确查询三元催化转换器检测的方法	50	未完成1项扣5分，扣分不得超过50分			
3	工具及设备的使用能力	1.能正确使用拆装工具； 2.能正确使用检测仪器、设备	10	未完成1项扣5分，扣分不得超过10分			
4	资料、信息查询能力	1.能正确使用维修手册查询资料； 2.能在规定时间内查询所需资料； 3.能正确记录所查询资料的章节及页码； 4.能正确记录所需维修信息	10	未完成1项扣5分，扣分不得超过10分			
5	数据判读和分析的能力	1.能判读部件名称和位置； 2.能分析三元催化转换器数据否正常	10	未完成1项扣5分，扣分不得超过10分			
6	表单填写与报告的撰写能力	1.字迹清晰； 2.语句通顺； 3.无错别字； 4.无涂改； 5.无抄袭	5	未完成1项扣1分，扣分不得超过5分			
		得分					
		总分					

任务 15　燃油蒸发排放控制系统检测维修

知识准备

一、燃油蒸发排放控制系统概述

1. 作用

为了降低汽车的燃油蒸发污染，控制燃油箱逸出的燃油蒸气，电控汽油喷射发动机上普遍采用燃油蒸发排放控制系统，即活性炭罐清污控制系统，燃油箱中的燃油蒸气在发动机不运转时被炭罐中的活性炭所吸附，当发动机运转时，依靠进气管中真空度将燃油蒸气吸入发动机中。电子控制单元根据发动机的工况通过电磁阀控制真空度的通或断实现对燃油蒸气的控制。

2. 组成

燃油蒸发排放控制（EVAP）系统功用是将汽油蒸气从燃油箱导入炭罐，以便在发动机不运行时储存汽油蒸气。当发动机达到一定运行条件时，炭罐中的汽油蒸气被吸入发动机进气歧管并进入气缸燃烧。EVAP 系统能保证汽油蒸气不会排放到大气中，又能充分利用汽油蒸气，节约了能源。燃油蒸发排放控制系统主要由活性炭罐、炭罐控制电磁阀、燃料止回阀及燃油蒸气管管路等组成，如图 1-15-1 所示。

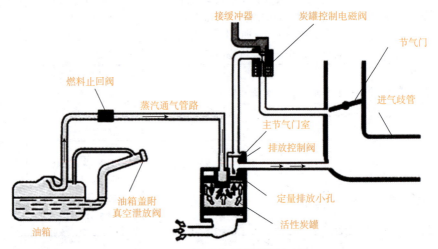

图 1-15-1　燃油蒸发排放控制系统

（1）活性炭罐。活性炭罐内装有木炭，用于收集来自燃油箱的燃油蒸气，木炭内收集的燃油蒸气，在适当条件下，由 ECM/PCM 控制将蒸气输送至进气歧管。

（2）活性炭罐电磁阀。活性炭罐电磁阀也称为净化控制电磁阀，其安装在连接活性炭罐和进气歧管的通道上，它属于占空比式电磁阀脉冲信号控制，当 ECM/PCM 控制 PCSV 打开，将收集的蒸气输送至进气歧管，否则通道保持关闭。

3. 工作原理

燃油蒸发排放控制系统的工作原理是利用活性炭罐把燃油蒸气吸附在活性炭粒上，在发动机进入小负荷到中负荷工况范围时，通过发动机的真空吸力使燃油蒸气从活性炭罐内脱附，吸入气缸内参与燃烧。

二、北京现代名图轿车燃油蒸发排放控制系统检修

1. 活性炭罐拆检

（1）举升车辆。
（2）从燃油箱空气滤清器上分离通风软管。
（3）分离蒸气软管快连接器。
（4）分离蒸气软管。
（5）分离通风软管。
（6）拧下保护壳固定螺栓，拆卸活性炭罐总成。
（7）拧下固定螺栓后，从支架上拆下活性炭罐，如图 1-15-2 所示。

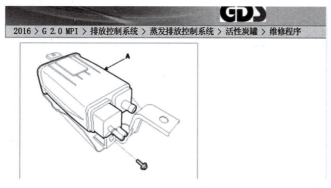

图 1-15-2 活性炭罐拆卸

（8）直观检查活性炭罐是否有裂缝或泄漏。
（9）检查蒸气软管/导管是否连接不良、变形或损坏。
（10）按拆卸的相反顺序安装，活性炭罐保护器固定螺栓：3.9～5.9 N·m；活性炭罐固定螺栓：3.9～5.9 N·m。

2. 活性炭罐电磁阀控制电路检修

首先分析名图轿车活性炭罐电磁阀控制电路，然后用万用表检测活性炭罐电磁阀内阻，以及利用信号发生器检测信号波形。

学习笔记

任务实施

学生实训作业单

项目 1　汽车动力系统检测维修 任务 15　燃油蒸发排放控制系统检测维修		总学时：85 实训学时：4
姓名：	学号：	班级：
实训日期：		指导教师：
任务要求： 通过该任务的实施，能够对燃油蒸发排放控制系统的常见故障进行诊断、分析并能给出维修建议		
一、安全操作及注意事项		
二、选用的工具		
三、资料、信息查询		
1. 燃油蒸发排放控制系统的作用、结构		

续表

2. 燃油蒸发排放控制系统常见的故障
四、诊断步骤和检测结果
1. 故障现象
2. 诊断步骤
3. 检测结果
五、检测结果分析及维修建议

学习笔记

考核评价

"1+X"职业技能汽车燃油蒸发排放控制系统检测维修 – 评分细则【中级】

项目1 汽车动力系统检测维修				日期:	
姓名:	班级:			学号:	指导教师签字:
自评 □熟练 □不熟练	互评 □熟练 □不熟练			师评 □熟练 □不熟练	
任务15 燃油蒸发排放控制系统检测维修					
序号	考核要点	评分标准	分值	评分要求	自评	互评	师评

序号	考核要点	评分标准	分值	评分要求	自评	互评	师评
1	准备/7S/态度	1. 能进行工位7S操作； 2. 能进行设备和工具安全检查； 3. 能进行车辆安全防护操作； 4. 能进行工具清洁、校准、存放操作； 5. 能进行三不落地操作	15	未完成1项扣3分，扣分不得超过15分			
2	专业技能能力	作业1： 1. 能正确读取和分析燃油蒸发排放控制系统相关的故障码及数据流； 2. 能检测燃油蒸发排放控制系统有无泄漏； 3. 能检测、测试、更换燃油蒸发控制排放系统的软管、机械和电气部件； 4. 能正确检测燃油蒸发排放控制系统的电子元件，分析是否正常 作业2： 1. 能正确查询燃油蒸发排放控制系统的结构图； 2. 能正确查询燃油蒸发排放控制系统检测的方法	50	未完成1项扣5分，扣分不得超过50分			
3	工具及设备的使用能力	1. 能正确使用拆装工具； 2. 能正确使用检测仪器、设备	10	未完成1项扣5分，扣分不得超过10分			
4	资料、信息查询能力	1. 能正确使用维修手册查询资料； 2. 能在规定时间内查询所需资料； 3. 能正确记录所查询资料的章节及页码； 4. 能正确记录所需维修信息	10	未完成1项扣5分，扣分不得超过10分			
5	数据判读和分析的能力	1. 能判读部件名称和位置； 2. 能分析燃油蒸发排放控制系统检测数据否正常	10	未完成1项扣5分，扣分不得超过10分			
6	表单填写与报告的撰写能力	1. 字迹清晰； 2. 语句通顺； 3. 无错别字； 4. 无涂改； 5. 无抄袭	5	未完成1项扣1分，扣分不得超过5分			
		得分					
		总分					

项目 2

汽车变速箱系统检测维修

任务导读

一辆瑞纳轿车（手动），正常起动后，无法正常挂挡，进厂检修。

问题：

1. 无法正常挂挡的原因有哪些？
2. 如果你是维修人员将如何诊断排除？

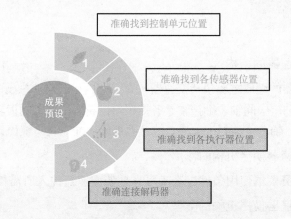

学习目标

知识要求	技能要求
1. 了解手动变速器的作用及结构； 2. 掌握手动变速器换挡机构的作用、类型及结构； 3. 掌握手动变速器换挡机构的检修要点； 4. 掌握手动变速器齿轮组的作用及结构； 5. 了解手动变速器的工作原理； 6. 掌握手动变速器各挡位动力传递路线； 7. 掌握离合器的作用及结构； 8. 了解离合器的工作原理； 9. 掌握离合器常见故障原因	1. 能够使用工具仪器排除换挡机构常见故障； 2. 能够拆装手动变速器； 3. 能够对手动变速器进行正确的检查； 4. 能够对手动变速器常见故障进行诊断与排除； 5. 能够进行离合器检查、调整及维护； 6. 能够对离合器常见故障进行诊断与排除

项目概述

手动变速器是一种变速装置，用来改变发动机传到驱动轮上的转速和转矩，在原地起步、爬坡、转弯、加速等各种工况下，使汽车获得不同的牵引力和速度，同时使发动机工作在较为有利的工况范围内。

任务1　手动变速器换挡机构维修

知识准备

1. 手动变速器的结构

手动变速器的组成主要包括变速器箱壳、换挡及选挡轴总成、变速器左箱垫、差速器总成、输入轴、中间轴、倒挡轴、各挡挡位齿轮、倒挡中间齿轮、同步器、换挡拨叉轴、换挡拨叉、轴承、油封、油槽、放油孔螺栓、加油孔与螺栓，如图2-1-1所示。

2. 手动变速器换挡机构的作用

保证驾驶员根据使用条件，准确可靠地使变速器挂入所需挡位；随时退入空挡。

3. 手动变速器换挡机构的类型

（1）直接操纵式。变速杆及所有换挡操纵装置都设置在变速器盖上。驾驶员可直接操纵变速杆来拨动换挡操纵装置进行换挡。

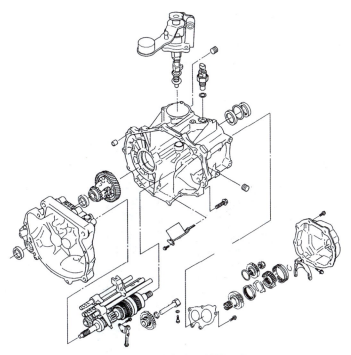

图 2-1-1　手动变速器结构示意图

（2）远距离操纵式。当变速器在汽车上布置的位置离驾驶员座位较远时，则需要在变速杆与拨叉等内部操纵机构之间加装一套传动机构或辅助杠杆（即外部操纵机构）进行操纵。这种操纵机构称为远距离操纵机构（或间接操纵机构）。为保证换挡准确可靠，该操纵机构应有足够的刚度，而且各连接件间隙不能过大，否则换挡时手感不明显。它多用于轿车和轻型平头汽车上。远距离操纵机构示意图如图 2-1-2 所示。

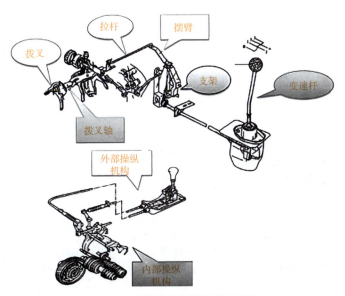

图 2-1-2　远距离操纵机构示意图

4.手动变速器换挡机构的结构

（1）换挡拨叉机构。换挡拨叉机构主要由变速杆、换挡轴、拨叉轴、拨叉等组成，如图2-1-3所示。

图2-1-3 拨叉机构示意图

（2）定位锁止。

①自锁装置：防止自动挂挡或脱挡。

②互锁装置：防止同时挂入两个挡位。

③倒挡锁：防止汽车在前进中误挂倒挡而造成冲击；防止汽车在起步时误挂倒挡而造成安全事故。

任务实施

学生实训作业单

项目2　汽车变速箱系统检测维修			总学时：30	
任务1　手动变速器换挡机构维修			实训学时：4	
姓名：		学号：		班级：
实训日期：				指导教师：
任务要求： 通过该任务的实施，能够对轿车手动变速器换挡机构的常见故障进行诊断、分析并能给出维修建议				

续表

一、安全操作及注意事项
二、选用的工具
三、资料、信息查询
1. 换挡机构的作用、结构
2. 换挡机构常见的故障
四、诊断步骤和检测结果
1. 故障现象
2. 诊断步骤
3. 检测结果
五、检测结果分析及维修建议

考核评价

"1+X"职业技能手动变速器换挡机构维修 – 评分细则【中级】

项目2　汽车变速箱系统检测维修			日期：	
姓名：	班级：		学号：	指导教师签字：
自评 □熟练　□不熟练	互评 □熟练　□不熟练		师评 □熟练　□不熟练	

任务1　手动变速器换挡机构维修

序号	考核要点	评分标准	分值	评分要求	自评	互评	师评
1	准备/7S管理	1. 能进行工位7S操作； 2. 能进行设备和工具安全检查； 3. 能进行车辆安全防护工作； 4. 能进行工具清洁校准存放操作； 5. 能进行三不落地操作	15	未完成1项扣3分，扣分不得超过15分			
2	专业技能能力	1. 能正确拆装换挡机构； 2. 能正确检测换挡机构各部件； 3. 能根据检测结果对照标准值进行正确分析； 4. 能正确得出检测结果	50	未完成1项扣15分，扣分不得超过50分			
3	工具及设备的使用能力	1. 能正确选用拆装工具； 2. 能规范使用测量工具； 3. 能安全、规范操作车辆	10	未完成1项酌情扣1~3分，扣分不得超过10分			
4	资料、信息查询能力	1. 能正确使用维修手册查询资料； 2. 能在规定时间内查询所需资料； 3. 能正确记录所查询资料； 4. 能正确记录所需维修信息	10	未完成1项酌情扣1~3分，扣分不得超过10分			
5	数据判读和分析的能力	1. 能正确判断各部件状况； 2. 能正确分析各部件性能	10	未完成1项酌情扣1~5分，扣分不得超过10分			
6	表单填写与报告的撰写能力	1. 字迹清晰； 2. 语句通顺； 3. 无错别字； 4. 无涂改； 5. 无抄袭	5	未完成1项扣1分，扣分不得超过5分			
得分							
总分							

任务 2　手动变速器齿轮组维修

知识准备

1. 手动变速器齿轮组的结构

输入轴与中间轴组件主要包括输入轴、油封、输入轴右轴承、输入轴 3 挡齿轮、滚针轴承、高速同步器环、高速同步器弹簧、高速同步器啮合套及毂、高速同步器键、输入轴 4 挡齿轮、输入轴左轴承、5 挡齿轮隔套、中间轴右轴承、中间轴、中间轴 1 挡齿轮、1 挡齿轮同步器环、低速同步器弹簧、低速同步器啮合套及毂、低速同步器键、2 挡齿轮同步器外环、2 挡齿轮同步器中心内圈、2 挡齿轮同步器内环、弹簧卡圈、中间轴 2 挡齿轮、中间轴 3 挡齿轮、3 挡及 4 挡齿轮隔套、中间轴 4 挡齿轮、中间轴左轴承等。手动变速器齿轮组结构示意图如图 2-2-1 所示。

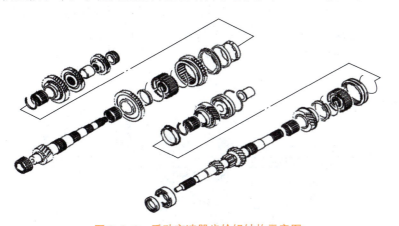

图 2-2-1　手动变速器齿轮组结构示意图

2. 手动变速器工作原理

在手动变速器中，在动力由输入轴传递到中间轴，并输出给差速器的过程中，动力经过的路径叫作动力流。了解动力流对于诊断变速器的故障是非常重要的。

虽然在有些变速器中，由于采用的元件不同，动力流也会有轻微的差异，但是所有类型的手动变速器的动力流是非常相似的。

3. 手动变速器挡位动力流

下面以北京现代瑞纳车辆为例介绍手动变速器的动力流，如图 2-2-2 所示。

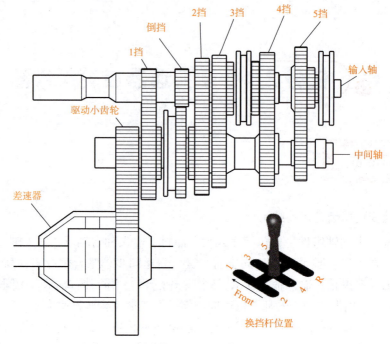

图 2-2-2 瑞纳手动变速器内部示意图

（1）空挡。如图 2-2-3 所示，在空挡状态下，所有同步器都位于中间位置（处于分离状态），只是 1 挡和 2 挡齿轮在空转，所以，来自离合器的原动力并未从输入轴传到中间轴，从而差速器上也无作用力。

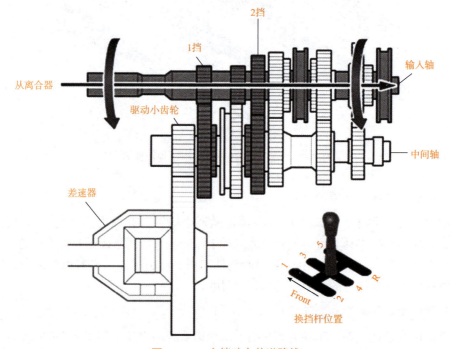

图 2-2-3 空挡动力传递路线

（2）1挡。如图2-2-4所示，在1挡状态下，低速同步器啮合套挂向1挡齿轮，将中间轴上的1挡齿轮与齿毂啮合在一起。此时来自离合器的动力从输入轴分别经过输入轴、1挡齿轮、低速离合器、中间轴、驱动小齿轮，然后通过差速器传递到车轮，驱动车辆起步。

提示

2挡的动力流类似于1挡，此时低速同步器啮合套挂进2挡齿轮的接合齿中。

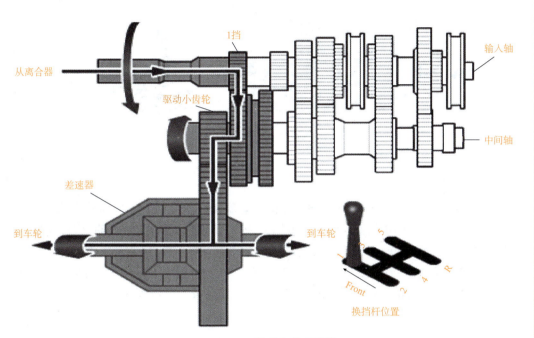

图2-2-4 1挡动力传递路线

（3）3挡。如图2-2-5所示，在3挡状态下，高速同步器啮合套挂向3挡齿轮，将输入轴上的3挡齿轮与齿毂啮合在一起。此时来自离合器的动力从输入轴分别经过输入轴、高速离合器、3挡齿轮、中间轴、驱动小齿轮，然后通过差速器传递到车轮，驱动车辆行驶。

提示

4挡、5挡的动力流类似于3挡。

4挡一般称为直接挡，因为4挡的主动齿轮与从动齿轮齿数相同，所以传动比为1:1。

5挡一般称为超速挡，因为5挡的主动齿轮齿数比从动齿轮多，所以中间轴的转速大于输入轴。

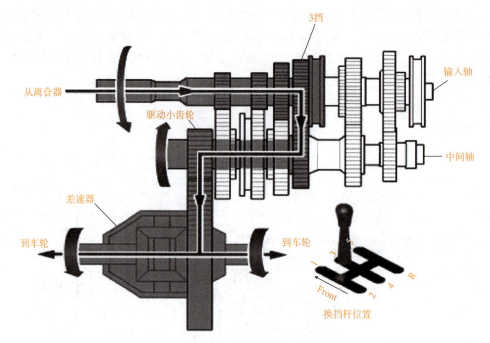

图 2-2-5　3 挡动力传递路线

（4）倒挡。在倒挡状态下，倒挡中间齿轮移动到倒挡位置，同时将输入轴上倒挡齿轮和中间轴上的倒挡齿轮啮合。此时，来自离合器的动力从输入轴分别经过输入轴倒挡齿轮、倒挡中间齿轮、中间轴倒挡齿轮、中间轴、驱动小齿轮，然后通过差速器传递到车轮，驱动车辆行驶，如图 2-2-6 所示。车辆在倒挡状态下行驶时，因为接入了倒挡中间齿轮，动力的传递方向与其他挡位相反，所以车辆后退。

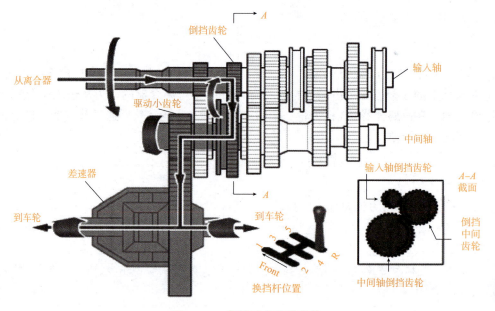

图 2-2-6　倒挡动力传递路线

任务实施

学生实训作业单

项目2 汽车变速箱系统检测维修	总学时:30
任务2 手动变速器齿轮组维修	实训学时:4

姓名:	学号:	班级:
实训日期:		指导教师:

任务要求:
通过该任务的实施,能够对轿车手动变速器齿轮组的常见故障进行诊断、分析并能给出维修建议

一、安全操作及注意事项

二、选用的工具

三、资料、信息查询

1. 手动变速器齿轮组的作用、结构

2. 画出故障车辆手动变速器倒挡和3挡动力传递路线

续表

四、诊断步骤和检测结果

1. 故障现象

2. 诊断步骤

3. 检测结果

续表

五、检测结果分析及维修建议

考核评价

"1+X"职业技能手动变速器齿轮组维修 – 评分细则【中级】

项目 2　汽车变速箱系统检测维修			日期：		
姓名：	班级：		学号：		指导教师签字：
自评 □熟练　□不熟练	互评 □熟练　□不熟练		师评 □熟练　□不熟练		
任务 2　手动变速器齿轮组维修					
序号	考核要点	评分标准	分值	评分要求	自评	互评	师评

序号	考核要点	评分标准	分值	评分要求	自评	互评	师评
1	准备/7S 管理	1. 能进行工位 7S 操作； 2. 能进行设备和工具安全检查； 3. 能进行车辆安全防护工作； 4. 能进行工具清洁校准存放操作； 5. 能进行三不落地操作	15	未完成 1 项扣 3 分，扣分不得超过 15 分			
2	专业技能能力	1. 能正确拆装齿轮组； 2. 能正确分解齿轮组各组件； 3. 能正确检测齿轮组各部件； 4. 能正确得出检测结果 5. 能根据检测结果对照标准值进行正确分析；	50	未完成 1 项扣 10 分，扣分不得超过 50 分			
3	工具及设备的使用能力	1. 能正确选用拆装工具； 2. 能规范使用测量工具； 3. 能安全、规范操作车辆	10	未完成 1 项酌情扣 1～3 分，扣分不得超过 10 分			
4	资料、信息查询能力	1. 能正确使用维修手册查询资料； 2. 能在规定时间内查询所需资料； 3. 能正确记录所查询资料； 4. 能正确记录所需维修信息	10	未完成 1 项酌情扣 1～3 分，扣分不得超过 10 分			
5	数据判读和分析的能力	1. 能正确判断各部件状况； 2. 能正确分析各部件性能	10	未完成 1 项酌情扣 1～5 分，扣分不得超过 10 分			
6	表单填写与报告的撰写能力	1. 字迹清晰； 2. 语句通顺； 3. 无错别字； 4. 无涂改； 5. 无抄袭	5	未完成 1 项扣 1 分，扣分不得超过 5 分			
		得分					
		总分					

任务3　离合器检测维修

知识准备

一、离合器的功用与要求

离合器安装在发动机与变速器之间，用来分离或接合前后两者之间的动力联系。

1. 功用

（1）使汽车平稳起步。
（2）便于离合器换挡。
（3）防止传动系统过载。

2. 要求

（1）能保证传递发动机发出的最大转矩，并且还有一定的传递转矩余力。
（2）能做到分离时彻底分离，接合时柔和，并且具有良好的散热能力。
（3）从动部分的转动惯量尽量小一些。这样，在分离离合器换挡时，与离合器输入轴相连部分的转速就比较容易变化，从而减轻齿轮间的冲击。
（4）具有缓和转动方向冲击、衰减该方向振动的能力，且噪声小。
（5）压盘压力和摩擦片的摩擦系数变化小，工作稳定。
（6）操纵省力，维修保养方便。

二、离合器的分类

汽车离合器有摩擦式离合器、液力耦合器、电磁离合器等几种。与手动离合器相配合的绝大多数为干式摩擦式离合器，按其从动盘的数目，又分为单盘式、双盘式和多盘式等几种。摩擦式离合器又分为湿式和干式两种。

三、离合器结构与工作原理

1. 离合器的构造

离合器由主动部分、从动部分、压紧机构和操纵机构四部分组成。

（1）离合器主动部分。离合器主动部分包括飞轮、离合器盖和压盘等机件，它与发动机曲轴一起旋转。离合器盖用螺钉固定在飞轮上，压盘一般通过凸台或传动片与离合器盖连接，由飞轮带动旋转。分离或接合离合器时，压盘做少量的轴向移动。

（2）离合器从动部分。从动部分是由单片、双片或多片从动盘组成，它将主动部分通过摩擦传来的动力传给离合器的输入轴。从动盘由从动盘本体、摩擦片和从动盘毂三个基本部分组成。为了避免转动方向的共振，缓和传动系统受到的冲击载荷，大多数汽车都在离合器的从动盘上附装有扭转减振器。为了使汽车能平稳起步，离合器应能柔和接合，这就需要从动盘在轴向具有一定的弹性。为此，往往在从动盘本体圆周部分，沿径向和周向切槽，再将分割形成的扇形部分沿周向翘曲成波浪形，两侧的两片摩擦片分别与其对应的凸起部分相铆接，这样从动盘被压缩时，压紧力随翘曲的扇形部分被压平而逐渐增大，从而达到接合柔和的效果。

（3）离合器压紧机构。压紧机构按压紧弹簧的形式可分为周布弹簧式、中央弹簧式、膜片弹簧式。压紧机构主要由螺旋弹簧或膜片弹簧组成，与主动部分一起旋转，它以离合器盖为依托，将压盘压向飞轮，从而将处于飞轮和盘压间的从动盘压紧。

（4）离合器操纵机构。操纵机构由分离轴承、分离轴承座套、分离杠杆、分离拉杆、踏板、调节拉杆和拨叉等组成。分离轴承座套活套在离合器轴上，并可轴向移动。分离杠杆以某种方式支承在离合器盖上，通过分离拉杆与压盘连接。若干分离拉杆和分离杠杆沿压盘圆周均布，如图 2-3-1 所示。

图 2-3-1　离合器结构示意图

2. 工作原理

（1）接合状态：弹簧将压盘、飞轮及从动盘互相压紧，发动机的转矩经飞轮及压盘通过摩擦面的摩擦力矩传至从动盘。

（2）分离过程：踩下踏板，套在从动盘毂滑槽中的拨叉，便推动从动盘克服压紧弹簧的压力右移而与飞轮分离，摩擦力消失，从而中断了动力传动。

（3）接合过程：缓慢地抬起离合器踏板，使从动盘在压紧弹簧压力作用下左移与飞轮恢复接触，二者接触面间的压力逐渐增加，相应的摩擦力矩逐渐增加，离合器从完全打滑、部分打滑，直至转为完全接合。

四、离合器常见故障分析

1. 离合器打滑

（1）故障现象：

①当汽车起步时，离合器踏板完全放松后，发动机的动力不能全部输出，造成起步困难；

②汽车在行驶中车速不能随发动机转速提高而迅速提高，即加速性能差；

③汽车重载、爬坡或行驶阻力大时，由于摩擦产生高热而烧毁摩擦片，可嗅到焦臭味。

（2）故障原因：

①离合器踏板自由行程过小，当摩擦片稍有磨损时，分离轴承经常压在膜片弹簧上，导致压盘处于半分离状态；

②离合器盖与飞轮的固定螺栓松动，膜片弹簧的弹力减弱，或弹簧因高温退火、疲劳、折断等而使弹力减小，致使压盘上的压力降低；

③摩擦片磨损过甚变薄，铆钉外露；摩擦片表面有油污、老化或烧毁；

④离合器压盘和从动盘变形或磨损变薄；

⑤分离轴承与分离套筒运动不自如。

2. 离合器分离不彻底

（1）故障现象：

①发动机在怠速运转时，离合器踏板完全踏到底，挂挡难挂，并有离合器齿轮撞击声；

②勉强挂上挡后，不等抬起离合器踏板，汽车就冲撞起动或发动机熄火；

③行驶时换挡困难，且离合器齿轮有撞击声。

（2）故障原因：

①离合器踏板自由行程过大；

②液压系统中有空气或油量不足有泄漏；

③分离拨叉支点或分离轴承磨损；

④分离杠杆内端高度不一致或过低、膜片弹簧分离时弹性衰损产生变形或内端磨损；

⑤新换摩擦片过厚或从动盘正反装错；

⑥从动盘毂键槽与离合器第一轴的花键配合过紧、锈蚀而发卡；

⑦从动盘铆钉松脱、摩擦片破裂、钢片变形严重；

⑧压紧弹簧弹力不均或个别弹簧折断。

五、离合器的检修

1. 离合器检修

（1）摩擦表面检查。

①检查表面的不均磨损或油污，表面发生硬化或出现龟裂。

②检查每个铆钉是否松动。

③使用深度尺测量每个铆钉距离摩擦片表面高度，应不小于 0.3 mm，否则确定摩擦片磨损严重，须更换摩擦片。

（2）检查减震弹簧。检查自由间隙或断裂。

（3）检查花键毂。

①将离合器盘装到驱动轴上，并检查花键的间隙和损坏变形。

②前后移动离合器，检查花键是否滑动自由，若卡滞，则说明花键损坏变形。

（4）检查离合器盘的跳动量。

2. 离合器盖检修

（1）检查离合器盖。检查断裂和变形。

（2）检查膜片弹簧。

①检查断裂、损坏或阶梯状、磨损。

②在膜片弹簧中心部位检查各分离指的高度是否相等。高度不相等会造成分离不彻底和接合不平稳。

③膜片弹簧的小端与分离轴承接触磨损的痕迹深度超过 0.6 mm、宽度超过 5 mm 时，必须更换膜片弹簧。

④用弹簧测试仪测量弹簧刚度，如果低于标准值，则应更换。

（3）检查压盘。

①检查每部分是否有龟裂、变形或损坏。

②检查离合器平面的龟裂、损坏或磨损。压盘表面平面度误差不得超过 0.12 mm，端面圆跳动量不得超过 0.2 mm。

（4）检查传动片。检查传动片是否损坏或变形。

3. 飞轮摩擦面检修

（1）飞轮摩擦面的检查。

①检查裂纹、损坏或磨损情况。飞轮与从动盘摩擦片相接触的工作面不应有机油和润滑脂。当出现严重磨损、沟槽、烧伤、破裂或失去平衡时，应磨削加工或更换。

②飞轮与定位销配合应紧密。

（2）导向轴承检查。用手指按住转动，平滑转动检查。

任务实施

学生实训作业单

项目2 汽车变速箱系统检测维修	总学时：30
任务3 离合器检测维修	实训学时：4

姓名：	学号：	班级：
实训日期：		指导教师：

任务要求：
通过该任务的实施，能够对轿车离合器进行检测，对其常见故障进行诊断、分析并能给出维修建议

一、安全操作及注意事项

二、选用的工具

三、资料、信息查询

1. 离合器的作用、结构

2. 离合器的工作原理

续表

四、诊断步骤和检测结果
1. 故障现象
2. 诊断步骤
3. 检测结果
五、检测结果分析及维修建议

考核评价

"1+X"职业技能离合器检测维修－评分细则【中级】

项目2　汽车变速箱系统检测维修				日期：	
姓名：		班级：		学号：	指导教师签字：
自评 □熟练　□不熟练		互评 □熟练　□不熟练		师评 □熟练　□不熟练	
任务3　离合器检测维修					

序号	考核要点	评分标准	分值	评分要求	自评	互评	师评
1	准备/7S管理	1. 能进行工位7S操作； 2. 能进行设备和工具安全检查； 3. 能进行车辆安全防护工作； 4. 能进行工具清洁校准存放操作； 5. 能进行三不落地操作	15	未完成1项扣3分，扣分不得超过15分			
2	专业技能能力	1. 能正确拆装离合器； 2. 能正确分解离合器； 3. 能正确检测离合器各部件； 4. 能根据检测结果对照标准值进行正确分析； 5. 能正确得出检测结果	50	未完成1项扣10分，扣分不得超过50分			
3	工具及设备的使用能力	1. 能正确选用拆装工具； 2. 能规范使用测量工具； 3. 能安全、规范操作车辆	10	未完成1项酌情扣1～3分，扣分不得超过10分			
4	资料、信息查询能力	1. 能正确使用维修手册查询资料； 2. 能在规定时间内查询所需资料； 3. 能正确记录所查询资料； 4. 能正确记录所需维修信息	10	未完成1项酌情扣1～3分，扣分不得超过10分			
5	数据判读和分析的能力	1. 能正确判断各部件状况； 2. 能正确分析各部件性能	10	未完成1项酌情扣1～5分，扣分不得超过10分			
6	表单填写与报告的撰写能力	1. 字迹清晰； 2. 语句通顺； 3. 无错别字； 4. 无涂改； 5. 无抄袭	5	未完成1项扣1分，扣分不得超过5分			
得分						
总分						

项目 2 >>> 汽车变速箱系统检测维修

任务 4　自动变速器车上检测维修

任务导读

对于有故障的自动变速器应先进行性能检验，以确认其故障范围，为进一步的分解修理提供依据。修前检测是从诊断故障和确定修理部位出发，在车上做必要的检查或测试。自动变速器在修理完毕后，也应进行全面的性能检查，修后检查是为了鉴定修理质量，检验自动变速器的各项性能指标是否达到标准要求。

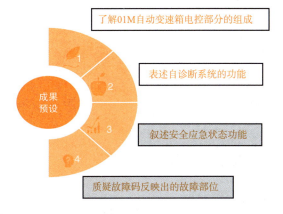

学习目标

知识目标	技能要求
1. 掌握故障分析流程； 2. 掌握故障码分析方法； 3. 掌握数据流分析方法； 4. 掌握检测工具的使用方法； 5. 掌握各传感器的检测方法； 6. 掌握各执行器的检测方法	1. 能够使用解码器读取故障码、数据流； 2. 能够使用解码器分析数据流； 3. 能够使用油压表测量油压； 4. 能够正确完成失速试验、时滞试验； 5. 能够正确检测转速传感器； 6. 能够正确检测油温传感器； 7. 能够正确检测挡位传感器； 8. 能够正确检测油门踏板位置传感器； 9. 能够正确检测阀板电磁阀； 10. 能够正确检测相关线路

任务概述

电子控制自动变速器是在控制计算机的控制下工作的。控制计算机根据各个传感器测得的信号，预先设定控制程序，向各个执行器发出相应的控制命令来控制自动变速器的工作。如果电子控制装置中的某传感器出现故障，不能向控制计算机传送信号，或某个执行器损坏，便不能完成控制计算机的控制指令，直接影响控制计算机对自动变速器的控制，使变速器不能正常工作。为此，在控制计算机内设有专门的故障自诊断电路，它在汽车行驶过程中，不停地监测自动变速器电子控制系统中所有传感器和执行器的工作情况。通常，一旦发现某个传感器或执行器有故障或工作不正常时，仪表板上的自动变速器故障警告灯闪亮，以提醒驾驶员立即将汽车送至修理厂维修。

任务 4.1　自诊断系统功能

任务陈述

通过学习能了解 01M 自动变速箱系统具备的自诊断系统的功能。

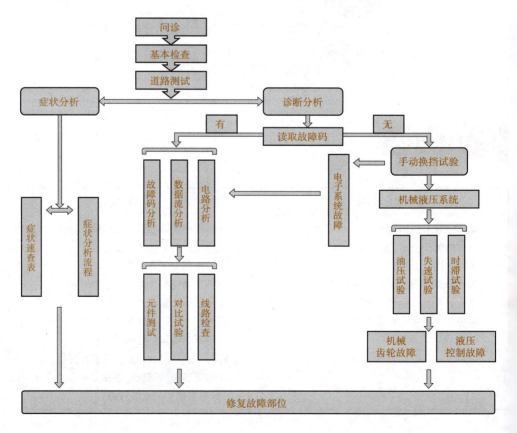

知识准备

情境导入：一台装配 01M 型变速器的 Golf 轿车起步无力、加速无力。

质疑问难：根据此故障现象，初步判断为发动机故障，但使用解码器读取发动机系统故障码显示系统正常，读取关键数据流，均显示在正常范围。你认为下一步应该如何检查？

一、自动变速箱控制单元 J217

控制单元 J217 可根据行驶状况换挡（模糊逻辑），根据行驶状况和行驶阻力自动选择换挡时刻。其优点如下：

（1）可根据油耗换挡；
（2）总可保证发动机输出最大功率；
（3）各种行驶状况均可获得最佳换挡时刻；
（4）换挡时刻无级变化。

二、电子电器元件

电子电器元件如图 2-4-1 所示。

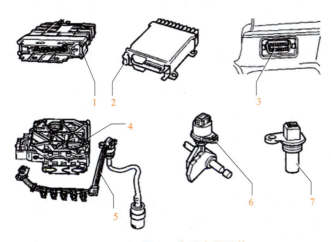

图 2-4-1　电子电器元件

1—自动变速箱控制单元 J217；
2—发动机控制单元；
3—自诊断插口；
4—阀体（电磁阀 N88、N89、N90、N91、N92、N93 和 N94 安装在阀体上），可通过自诊断检查；
5—传输线，带变速箱油温传感器 G93，可通过自诊断检查；
6—多功能开关 F125，可通过自诊断检查；
7—变速箱转速传感器 G38，可通过自诊断检查

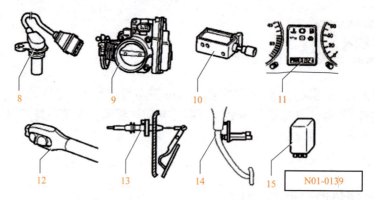

图 2-4-1 电子电器元件（续）

8—车速传感器 G68，可通过自诊断检查；
9—节气门电位计 G69，可通过自诊断检查；
10—换挡杆锁止电磁阀 N110，可通过自诊断检查；
11—换挡杆位置显示屏 Y5；
12—巡航控制开关 F45；
13—强制低挡开关 F8；
14—制动灯开关 F；
15—起动锁止和倒挡灯继电器 J226

三、变速箱控制单元安全功能

自动变速箱控制单元 J217 接收与换挡元件有关的信号，并将该信号传到电磁阀，电磁阀操纵滑阀箱内的滑阀运动。

如果被监控的传感器或元件有故障，那么该故障连同故障类型说明一同存入故障存储器中。

（1）偶发故障。只出现一次的故障为偶发故障，自动变速箱控制单元经过分析信息后区分该故障是偶发故障还是永久故障。

如果故障在下列区间出现，则将它们作为偶发故障存储。

最小：5 km（3 英里）或 6 min。

最大：20 km（12 英里）或 24 min。

对于影响汽车运行的电气故障可用故障读取器 V. A. G1551 确定。自诊断功能用故障读取器 V. A. G1551 中"快速数据传递"功能才能解读。

（2）应急状态。如果行驶过程中出现严重故障，那么变速箱进入应急状态。如果"D""3""2"挡有故障，则将触发 3 挡应急状态。

如果"1""P""N"或"R"挡出现故障，进入应急状态，当时行车挡仍以应急状态工作。

进入应急状态并重新起动发动机后，若变速杆位于"D""3"或"2"挡位置时出现故障，则变速箱由液压控制以 3 挡工作，直至故障排除。

（3）对于导致应急状态的故障。变速箱处于应急状态，直至控制单元在预定时间内不再识别该故障为止。

（4）可导致进入应急状态的故障。导线断路、短路，电子／液压元件失效，导线断路和／或数据总线短路。

（5）变速箱控制单元对故障的识别。如果出现故障，该故障就作为永久故障存入存储器，预定时间或行驶一定距离后，若该故障不再出现，则视为偶发故障。

四、自诊断使用指南

用故障读取器 V.A.G1551 对自动变速箱进行故障诊断（图 2-4-2）。

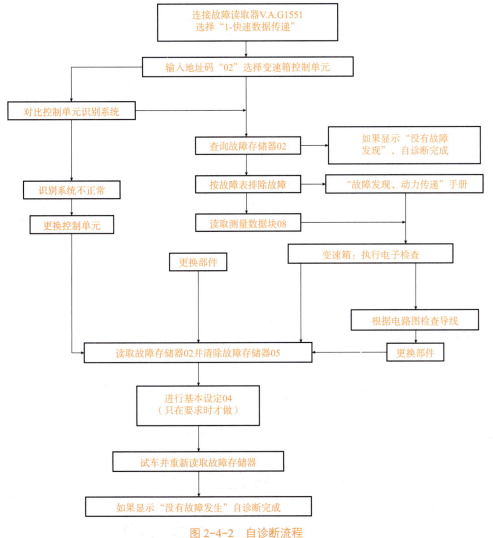

图 2-4-2　自诊断流程

如果完成自诊断后，自动变速箱仍有故障，则按故障查找程序继续故障查询，检查动力传动机械部分。

任务实施

项目名称	自信表述
任务目的	1. 掌握自诊断系统的组成； 2. 掌握自诊断系统的功能
任务描述	自诊断系统有哪些功能？
教学条件	校内实训教室
任务资讯	自动变速箱电控系统的组成
考核内容	1. 能够正确叙述自诊断系统的功能； 2. 能够正确叙述自诊断系统的组成； 3. 能够正确叙述安全应急状态

	序号	重点环节	评分标准	分值（100分）
考核标准	1	功能叙述	概括全面	30
	2	系统组成	叙述全面	30
	3	详细描述应急状态	描述准确、全面	30
	4	资讯查找	准确、快速	10

任务 4.2　元器件的位置内部因素

任务陈述

通过学习能准确找到各元器件的位置，为后期故障诊断与检修打好基础。

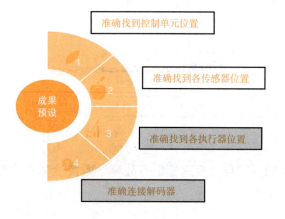

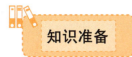

知识准备

情境导入： 按照故障诊断流程，首先连接解码器进行检测，需找到相应的元器件。

质疑问难： 控制单元安装在哪里？各传感器安装在哪里？应该用哪些仪器设备进行检查？

元器件的位置

1. 自动变速箱控制单元

自动变速器控制单元如图 2-4-3 所示。

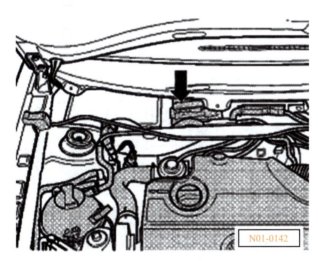

图 2-4-3　自动变速器控制单元

（1）安装位置：控制单元安装在压力舱中心/右侧。

（2）拆卸步骤：关闭点火开关，打开发动机舱罩盖，拆下雨刮臂和密封罩；拆卸风窗清洗系统，松开锁止机构，然后把插头从控制单元上拔下来，拆下固定螺栓，取下 J217。

2. 发动机控制单元

安装位置：控制单元安装在压力舱内。

3. 自诊断接口

安装位置：安装在烟灰缸上方的盖板后面。

4. 阀体

安装位置：阀体安装在油底壳上面。电磁阀 N88、N89、N90、N91、N92、N93 和 N94 安装在阀体上。

5. 传输线（带油温传感器 G93）

安装位置：传输线安装在油底壳中阀体上。

6. 拆卸和安装

拆卸步骤：

①可在变速箱安装好、阀体未拆下的情况下更换传输线。不要扭曲或损坏传输线。

②断开变速箱插头并拆下保持架卡箍，排放 ATF 并拆下油底壳，然后拆下线束导管。

③用专用工具 3373 从电磁阀上撬下传输线。

安装顺序与拆卸顺序相反。

7. 多功能开关 F125

多功能开关 F125 如图 2-4-4 所示。

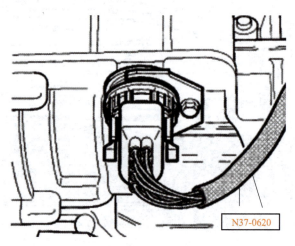

图 2-4-4　多功能开关 F125

（1）安装位置：多功能开关安装在变速箱后面。

（2）拆卸步骤：

①关闭点火开头，打开发动机舱罩盖，从多功能开关上拔下插头。

②拆下螺栓和保持架。

③拆下多功能开关，更换密封环。

（3）安装步骤：

①按相反顺序进行安装。

②以 10 N·m 力矩拧紧。

8. 换挡杆位置显示屏 Y5

（1）安装位置：换挡杆位置显示屏安装在组合仪表中。

（2）拆卸步骤：

①拆卸仪表装饰压条；

②拆卸仪表固定螺钉；

③取出仪表总成；

④断开仪表插接器。

（3）安装步骤：与拆卸顺序相反。

9. 节气门电位计 G69

（1）安装位置：汽油发动机－电位计是节流阀 J338 中的一个部件，可在节流阀壳体上找到。

柴油发动机－节气门信号由油门踏板位置传感器 G79 产生，传感器可在油门踏板附近找到。

（2）自诊断：节气门电位计是发动机控制单元中的一个传感器，而且变速箱控制单元也需要节气门电位计信号。因此，发动机控制单元传送的信号也被传递给自动变速箱控制单元。

在带数据总线的车上，自动变速箱控制单元从数据总线接收节气门电位计信号。

在不带数据总线的车上，信号从发动机控制单元的线束传递，自动变速箱自诊断仅能检测信号，不能检测电位计在不带数据总线的车上，信号线也能被检测。

10. 强制低挡开关 F8

（1）安装位置：强制低挡开关与油门拉索一体，安装在发动机舱横隔壁上。

无油门拉索的汽车上，信号是由油门踏板位置传感器 G79 产生，传感器也能在油门踏板位置附近找到。

（2）自诊断：这些汽车的强制低挡开关信号由发动机控制单元传到自动变速箱控制单元。

对于带数据总线的汽车，自动变速箱控制单元通过数据总线接收强制低挡信号。

对于无数据总线的车辆，信号的接收是由发动机控制单元引出的线来获得。

11. 巡航控制开关 F45

安装位置：巡航控制开关安装在转向开关上。

12. 换挡杆锁止电磁阀 N110

安装位置：换挡杆锁止电磁阀安装在换挡杆壳体里。

13. 制动灯开关 F

安装位置：制动灯开关安装在踏板组件上。

14. 起动锁止和倒挡灯继电器 J226

安装位置：继电器安装在组合仪表下面的附加继电器盘上。继电器上标有号码"175"。

15. 变速箱转速传感器 G38

（1）安装位置：变速箱转速传感器安装在变速箱顶部。

（2）拆卸步骤：

①关闭点火开关，打开发动机舱罩盖，从传感器上拔下插头。

②拆下螺栓并拔出插头,更换密封圈。
(3)安装步骤:按相反顺序进行安装,以 10 N·m 力矩拧紧螺栓。

16. 车速传感器 G68

安装位置:车速传感器安装在变速箱顶部。变速箱安装好后,传感器被左装配支架遮住。

【小组讨论】

(1)变速器有 G38、G68 两个转速传感器,请问分别检测的是什么转速?
(2)使用解码器读取变速器数据流时应该进入哪一个系统读取?
(3)变速器油温传感器信号在哪组数据中可以读取?
(4)行车过程中通过数据流观察各挡位的换挡转速是多少?

任务 4.3　元器件的检测内部因素

任务陈述

学习元器件的检测方法及标准值,帮助我们判断故障范围。

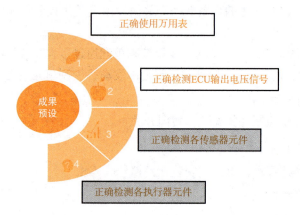

知识准备

情境导入:根据故障码提示,找到相关元器件进行检测。
质疑问难:故障码提示的故障就是相关元件损坏吗?如何检查元器件以外的线路?

元器件测试步骤见表 2-4-1。

表 2-4-1 元器件测试步骤

被检元件	测试步骤	被检元件	测试步骤
控制单元 J217 电源电压	进行测试步骤 1	强制低挡开关 F8	进行测试步骤 10
制动灯开关 F	进行测试步骤 2	换挡杆锁止电磁阀 N110	进行测试步骤 11
电磁阀 1-N88	进行测试步骤 3	变速箱油温传感器 G93	进行测试步骤 12
电磁阀 2-N89	进行测试步骤 4	车速传感器 G68	进行测试步骤 13
电磁阀 3-N90	进行测试步骤 5	变速箱转速传感器 G38	进行测试步骤 14
电磁阀 4-N91	进行测试步骤 6	多功能开关 F125	进行测试步骤 15（内容较多，单独介绍）
电磁阀 5-N92	进行测试步骤 7		
电磁阀 6-N93	进行测试步骤 8		
电磁阀 7-N94	进行测试步骤 9		

1. 测试步骤 1～14

测试步骤 1～14 详见表 2-4-2。

表 2-4-2 测试步骤 1～14

量程设置：20 V 电压挡				
测试步骤	被检内容	检查条件	额定值	故障排除
1	控制单元 J217 的电源电压	点火开关打开	约为蓄电池电压	1. 根据电路图检查导线； 2. 检查触点 1 和接地点之间的导线（图 2-4-5）； 3. 检查触点 23 和接线柱 15（31 号保险丝）之间导线（图 2-4-5）； 4. 检查触点 45 和接线柱 30（15 号保险丝）之间导线（图 2-4-5）
2	制动开关 F	1. 点火开关打开 2. 制动踏板未踏下	小于 1 V	1. 根据电路图检查导线； 2. 更换制动灯开关 F； 3. 若必要，则调整
		制动踏板踏下	约为蓄电池电压	

续表

测试步骤	被检内容	检查条件	额定值	故障排除
量程设置：200 Ω 电阻挡				
3	电磁阀 1-N88	点火开关关闭	55～65 Ω	1. 根据电路图检查导线； 2. 根据电路图检查传输线； 3. 更换传输线； 4. 更换滑阀箱
4	电磁阀 2-N89	点火开关关闭	55～65 Ω	
5	电磁阀 3-N90	点火开关关闭	55～65 Ω	
6	电磁阀 4-N91	点火开关关闭	4.5～6.5 Ω	
7	电磁阀 5-N92	点火开关关闭	55～65 Ω	
8	电磁阀 6-N93	点火开关关闭	4.5～6.5 Ω	
9	电磁阀 7-N94	点火开关关闭	55～65 Ω	
10	强制低挡开关-F8（仅能在开关与油门拉索安装在一起时检查）	1. 关闭点火开关； 2. 将 V.A.G1526 量程设到最大电阻； 3. 油门踏板未踏下	电阻无穷大	1. 根据电路图检查导线； 2. 拔下开关插头，重新测量开关； 3. 调整或更换油门拉索
		1. 将 V.A.G1526 量程设到 200 Ω； 2. 踏下油门踏板直至强制低挡接合	小于 1.5 Ω	
11	换挡杆锁止电磁阀 N110	点火开关关闭	12～15 Ω	1. 拔下电磁阀插头，重新测量； 2. 根据电路图检查导线； 3. 更换换挡杆锁止电磁阀 N110
量程设置：2 MΩ 电阻挡				
12	变速箱油温传感器 G93	1. 点火开关关闭； 2. ATF 油温约 20 ℃	0.247 MΩ	根据电路图检查导线
		ATF 油温约 60 ℃	48.8 kΩ	
		ATF 油温约 120 ℃	7.4 kΩ	

续表

		量程设置：20 kΩ 电阻挡		
13	车速传感器 G68	关闭点火开关	0.8～0.9 kΩ	1. 拔下传感器插头，重新测量传感器； 2. 根据电路图检查控制单元与传感器之间导线
14	变速箱转速传感器 G38	关闭点火开关	0.8～0.9 kΩ	1. 拔下传感器插头，重新测量传感器； 2. 根据电路图检查控制单元与传感器之间导线； 3. 更换变速箱转速传感器

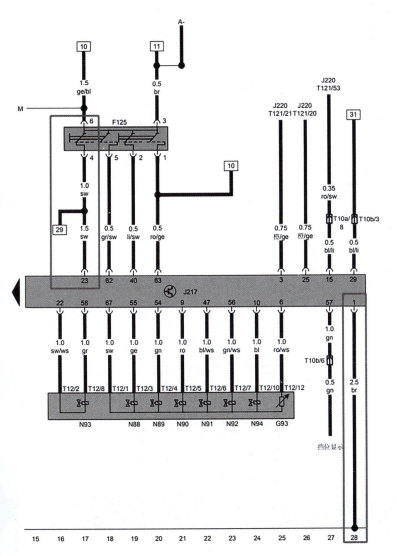

图 2-4-5　元器件电路图

ws = 白色
sw = 黑色
ro = 红色
br = 棕色
gn = 绿色
bl = 蓝色
gr = 灰色
li = 紫色
ge = 黄色

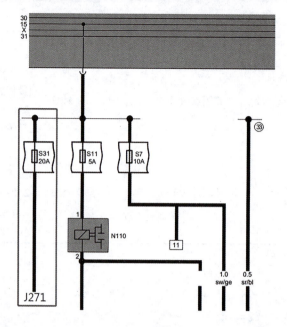
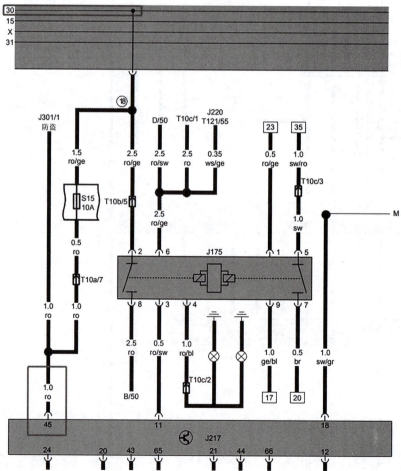

图 2-4-5 元器件电路图（续）

2. 测试步骤 15

（1）拔出多功能开关插头。

（2）检查供电电压。

（3）连接检测盒 V.A.G1551/18，将量程设到 20 V 挡。

（4）打开点火开关。

（5）测量从多功能开关上拔下的插头的插脚 7 和插脚 3（接地）之间的电压。额定值：蓄电池电压。

（6）测量插头上插脚 7 与 1598/18 上插口 1 之间的电压；测量 1598/18 上插口 23（接线柱 15）与插口 1 之间的电压。额定值：蓄电池电压。如果达不到额定值，则根据电路图维修导线。如果可以达到额定值，则进一步检查线束。

（7）关闭点火开关。

（8）拔下起动锁止和倒挡灯继电器 J226。

（9）设置万用表量程：200 Ω 电阻挡。

（10）检查控制单元多孔插头到多功能开关插头之间导线。测试 V.A.G1598/18 中插口 1 和 18 之间的电阻。额定值：电阻无穷大。

（11）测量 V.A.G1598/18 中插口 23 与 18 之间的电阻。额定值：电阻无穷大。

（12）测量 V.A.G1598/18 中插口 23 与 63 之间的电阻。额定值：电阻无穷大。

（13）测量 V.A.G1598/18 中插口 63 和插头插脚 1 之间的电阻。额定值：小于 1.5 Ω。如果达不到额定值，则根据电路图维修导线。如果可以达到额定值，则进一步检查导线。

（14）测量 V.A.G1598/18 中插口 1 和 62 之间的电阻。额定值：电阻无穷大。

（15）测量 V.A.G1598/18 中插口 23 和 62 之间的电阻。额定值：无穷大。

（16）测量 V.A.G1598/18 中插口 62 和插头插脚 6 之间的电阻。额定值：小于 1.5 Ω。如果达不到额定值，按电路图维修线束。如果可以达到额定值，则进一步检查线束。

（17）测量 V.A.G1598/18 中插口 1 和 40 之间的电阻。额定值：电阻无穷大。

（18）测量 V.A.G1598/18 中插口 23 和 40 之间的电阻。额定值：电阻无穷大。

（19）测量 V.A.G1598/18 中插口 40 和插头插脚 2 之间的电阻。额定值：小于 1.5 Ω。如果达不到额定值，则按电路图维修线束。如果可以达到额定值，则更换多功能开关。

端子位置以 V.A.G1597/18 检测盒说明书为准。

任务实施

项目名称	自动变速器车上检测维修
任务目的	1. 掌握仪表自诊断系统的检查方法； 2. 掌握解码器诊断的方法步骤
任务描述	某车配有自动变速器，行驶过程中出现加速无力的故障现象，请运用所学技能对该故障进行诊断分析

续表

教学条件	校内实训教室			
任务资讯	元器件检测方法及标准			
考核内容	1.掌握检测工具的使用方法； 2.掌握各传感器的检测方法； 3.掌握各执行器的检测方法			
考核标准	序号	重点环节	评分标准	分值（100分）
	1	正确检查故障指示灯	知道故障指示灯的作用	20
	2	正确连接解码器	连接方法正确	20
	3	正确检测 G38	检测方法、结论正确	10
	4	正确检测 G93	检测方法、结论正确	20
	5	正确检测 F125	检测方法、结论正确	10
	6	正确检测 N110	检测方法、结论正确	10
	7	团队合作	是否相互配合	10

任务拓展

你如果想进一步了解自动变速器电控系统控制原理，可学习以下资源：中国慕课网，查询"自动变速器电控系统"相关微课。

任务4.4　执行自诊断内部因素

任务陈述

学习自诊断系统的使用方法。

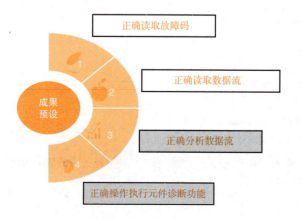

知识准备

情境导入：根据故障码提示，找到相关元器件进行数据流分析。

质疑问难：解码器提示的故障就是相关元件损坏吗？不同组别的数据流能说明哪些问题？

一、连接故障读取器 V.A.G1551，并选择功能

（1）安全注意事项：路试过程中若需用测量仪器进行检测，请遵守下列要求：

检测和测量仪器须固定在后座椅上，并在这个位置由另一人操作，如果检测仪放在前面乘客座椅上进行诊断，发生事故时，座椅上的人在气囊触发时将受到严重伤害。

（2）检测条件：
①电瓶电压正常。
②第 07、11、15 和 31 号熔丝正常。
③中央熔丝盒上的熔丝正常。
④变速箱接地线正常。
⑤换挡杆放在"P"挡并拉起手刹车。

二、进入检测程序

```
Rapid data transfer          HELP
Enter address word × ×
```

按"0"和"2"键（输入地址码"02"，选择"变速箱电子系统"）。

```
Rapid data transfer              Q
02Gearbox electronics
```

按"Q"键确认。

```
01M927733BB  AG4  Gearbox 01M  2029
Coding 00000                WSC  00000
```

显示屏显示：
V.A.G1551 显示控制单元版本号、代码和经销商代码。
01M927733 BB：备件号。
AG4 Gearbox 01M：4 挡自动变速箱 01M。
2029：程序级别。
Coding 00000：现在未使用。
WSC 00000：V.A.G1551 操作码，也为经销商代码。

显示屏显示：

```
Rapid data transfer                HELP
Enter address word × ×
```

按"HELP"键后，打印可执行的功能。功能码见表 2-4-3。

表 2-4-3　功能码

功能码	含义
01	查询控制单元版本
02	查询故障存储器
04	基本设定
05	清除故障存储器
06	结束输出
08	读取测量数据

三、查询故障存储器

连接 V.A.G1551 并输入地址码"02"，进入"变速箱电子系统"并继续操作直到"Select function × ×"显示在显示屏上。

```
Rapid data transfer                HELP
Select function × ×
```

按"0"和"2"键（用"02"选择"查询故障存储器"功能）。

```
Rapid data transfer                   Q
02 - Interrogate fault memory
```

按"Q"键确认。

显示屏显示存储器的故障数量或"没有故障发现"。存储器的故障依次显示并打印出来。

```
× Faults recognised!
```

查询故障存储器后，排除故障。

```
Rapid data transfer                HELP
Select function × ×
```

四、故障表

表 2-4-4 中是可能出现的故障，这些故障由自动变速箱控制单元 J217 识别，查询故障存储器时由连接打印机的 V.A.G1551 显示出来，并按故障代码分组列表。

如果故障只是偶然出现，或排除故障后未清除故障存储器，那么在规定时间内这些故障作为"偶发故障"显示。

如果在查询故障存储器时显示故障部件，则需按照电路图检查部件导线是否短路或断路。

故障代码和故障类型仅在"快速数据传递"模式下由 V.A.G1551 打印出来。示例：故障码（5位）65535，123（故障类型3位），见表2-4-4。

表2-4-4　故障类型查询表

V.A.G1551 打印输出	可能的故障原因	故障排除
00258，电磁阀1-N88断路、短路、对地短路/断路、对正极短路/断路	1. 导线断路或短路； 2. 电磁阀1-N88失效	1. 按电路图检查导线和插头； 2. 读取测量数据块
00260，电磁阀2-N89断路、短路、对地短路/断路、对正极短路/断路	1. 导线断路或短路； 2. 电磁阀2-N89失效	1. 按电路图检查导线和插头； 2. 读取测量数据块
00262，电磁阀3-N90断路、短路、对地短路/断路、对正极短路/断路	1. 导线断路或短路； 2. 电磁阀3-N90失效	1. 按电路图检查导线和插头； 2. 读取测量数据块
00264，电磁阀4-N91断路、短路、对地短路/断路、对正极短路/断路	1. 导线断路或短路； 2. 电磁阀4-N91失效	1. 按电路图检查导线和插头； 2. 读取测量数据块
00266，电磁阀5-N92断路、短路、对地短路/断路、对正极短路/断路	1. 导线断路或短路； 2. 电磁阀5-N92失效	1. 按电路图检查导线和插头； 2. 读取测量数据块
00268，电磁阀6-N93断路、短路、对地短路/断路、对正极短路/断路	1. 导线断路或短路； 2. 电磁阀6-N93失效	1. 按电路图检查导线和插头； 2. 读取测量数据块
00270，电磁阀7-N94断路、短路、对地短路/断路、对正极短路/断路	1. 导线断路或短路； 2. 电磁阀7-N94失效	1. 按电路图检查导线和插头； 2. 读取测量数据块
00281，车速传感器G68无信号	1. 导线断路； 2. 车速传感器G68失效	读取测量数据块
00293，多功能开关F125开关状态不稳定	1. 导线断路； 2. 多功能开关F125失效	1. 检查多功能开关插头是否腐蚀或进水，若必要，则更换； 2. 读取测量数据块

续表

V.A.G1551 打印输出	可能的故障原因	故障排除
00297，变速箱转速传感器 G38 无信号、不可靠信号	1. 导线断路； 2. 变速箱转速传感器 G38 失效； 3. 如果控制单元识别到不可靠信号，调换变速箱转速传感器 G38 和车速传感器 G68 插头	1. 检查传感器插头是否腐蚀或进水，若必要，则更换； 2. 执行电气检查
00300，变速箱油温传感器 G93 无法识别故障类型	1. 导线断路； 2. 变速箱油温传感器 G93 失效	1. 检查接触插头是否腐蚀或进水，若必要，则更换；如果显示电磁阀有故障，则检查变速箱上的传输线/滑阀箱和线束间的 10 孔插头； 2. 读取测量数据块

7.0 版本的程序卡介绍了故障码右边的数组，这个数组表示故障类型，同时也用文字说明被影响的部件。该表虽没有解释 3 位数据，但也在部件的下面用文字说明故障类型。

五、清除故障存储器

```
Rapid data transfer            HELP
Select function × ×
```

按"0"和"5"键（选择"清除故障存储器"功能）。

```
Rapid data transfer              Q
05 Erase fault memory
```

按"Q"键确认。

如果在查询和清除故障存储器之间关闭点火开关，清除故障的工作不能进行。必须严格遵守操作程序，即先查询故障存储器。

```
Warning
Fault memory was not interrogate
```

显示屏显示：显示屏显示约 5 s 后，故障存储器被清除。故障存储器清除完成。

```
Rapid data transfer
Fault memory is erased
```

重新查询故障存储器前须等 1 min 左右。显示屏显示如下：

```
System cannot be interrogated
```

六、基本设定

1. 进行修理

（1）更换发动机；

（2）更换发动机控制单元；

（3）更换节气门；

（4）调整节气门（怠速调整）；

（5）更换节气门电位计 G69（当在调整怠速开关时）；

（6）更换自动变速箱控制单元 J217。

2. 进行设定

连接故障读取器 V.A.G1551，输入地址码"02"，选择"变速箱电子系统"，直到显示屏显示"Select function ××"。

油门踏板保持在怠速位置。显示屏显示：按"Q"键确认。

```
Rapid data transfer          Q
04 – Basic setting
```

按"0""0"和"0"键，然后按"Q"键确认。

```
Basic setting            HELP
Enter display group number ×××
```

将油门踏板踏到底触动强制低挡开关，在这个位置保持 3 min，按"→"键。

```
System in basic setting      0
```

任务实施

学生实训作业单

项目2　汽车变速箱系统检测维修		总学时：30
任务4　自动变速器车上检测维修		实训学时：9
姓名：	学号：	班级：
实训日期：		指导教师：
任务要求： 通过该任务的实施，能够按照维修手册的标准流程诊断自动变速器电路故障，完成车上检修。		

续表

一、安全操作及注意事项
二、选用的工具
三、资料、信息查询
查询并记录自动变速箱信息
四、使用诊断仪进行诊断
1. 故障现象

续表

2. 诊断仪诊断步骤
3. 诊断内容
五、结果分析及维修建议

考核评价

"1+X"职业技能自动变速箱部件检测维修 – 评分细则【中级】

项目2 汽车变速箱系统检测维修			日期:			
姓名:	班级:		学号:		指导教师签字:	
自评 □熟练 □不熟练	互评 □熟练 □不熟练		师评 □熟练 □不熟练			
任务4 自动变速器车上检测维修						
序号	考核要点	评分标准	分值	评分要求	自评	互评	师评
1	准备/7S管理	1.能进行工位7S操作; 2.能进行设备和工具安全检查; 3.能进行车辆安全防护工作; 4.能进行工具清洁校准存放操作; 5.能进行三不落地操作	15	未完成1项扣3分,扣分不得超过15分			
2	专业技能能力	1.能使用仪器读取自动变速器控制模块相关故障码及数据流,分析故障原因,制定维修方案; 2.能使用仪器设备检测故障,分析故障原因,制定维修方案; 3.能诊断自动变速器异常故障,分析故障原因,制定维修方案; 4.能正确排除故障	50	未完成1项扣15分,扣分不得超过50分			
3	工具及设备的使用能力	1.能正确选用检测工具; 2.能规范使用测量工具; 3.能安全、规范操作车辆	10	未完成1项酌情扣1~3分,扣分不得超过10分			
4	资料、信息查询能力	1.能正确使用维修手册查询资料; 2.能在规定时间内查询所需资料; 3.能正确记录所查询资料; 4.能正确记录所需维修信息	10	未完成1项酌情扣1~3分,扣分不得超过10分			
5	数据判读和分析的能力	1.能判断自动变速器电器系统工作状况; 2.能分析电路故障可能原因	10	未完成1项酌情扣1~5分,扣分不得超过10分			
6	表单填写与报告的撰写能力	1.字迹清晰; 2.语句通顺; 3.无错别字; 4.无涂改; 5.无抄袭	5	未完成1项扣1分,扣分不得超过5分			
得分							
总分							

任务5　自动变速器车下检测维修

任务导读

由于单排行星齿轮机构不能满足汽车行驶中变速变矩的需要，为了增加传动比的数目，可以通过增加行星齿轮机构来实现。在自动变速器中，两排或多排行星齿轮机构组合在一起，用以满足汽车行驶需要的多种传动比。目前，常见的复合式行星齿轮机构有辛普森式行星齿轮机构、拉维娜式行星齿轮机构。

多数自动变速器是采用多排行星齿轮机构提供不同的传动比。传动比可以由驾驶员手动选择，也可以由电控系统或液压控制系统通过接合和释放换挡离合器和制动器自动选择。

学习目标

知识目标	技能要求
1. 掌握查询维修手册的方法； 2. 掌握液力变矩器的拆装与选配方法； 3. 掌握换挡操纵机构的维修保养方法； 4. 掌握检查和补充ATF的方法； 5. 掌握分解和装配机械传动部件的方法； 6. 掌握调整机械传动部分装配间隙的方法	1. 能够正确选配液力变矩器、阀板等部件； 2. 能够正确检查换挡操纵机构； 3. 能够正确调整换挡拉索； 4. 能够正确检查ATF液位； 5. 能够正确补充ATF； 6. 能够正确拆卸和安装自动变速器油泵到隔离管； 7. 能够正确拆卸和安装倒挡离合器K2到大太阳轮； 8. 能够正确拆卸和安装单向离合器和倒挡制动器B1； 9. 能够正确拆卸和安装行星齿轮支架及带主动齿轮和端盖的变速器壳体； 10. 能够正确分解和组装行星齿轮系； 11. 能够正确分解和组装自动变速器油泵； 12. 能够正确分解和组装带B1活塞的单向离合器； 13. 能够正确分解和组装1～3挡离合器K1； 14. 能够正确分解和组装倒挡离合器K2； 15. 能够正确分解和组装带涡轮轴的4挡离合器K3； 16. 能够正确拆卸和安装滑阀箱； 17. 能够分解和组装停车锁止装置

任务概述

对于有故障的自动变速器，应先进行性能检验，以确认其故障范围，为进一步的分解修理提供依据。修前检测是从诊断故障和确定修理部位出发，在车上做必要的检查或测试。自动变速器在修理完毕后，也应进行全面的性能检验，修后检查是为了鉴定修理质量，检验自动变速器的各项性能指标是否达到标准要求。

任务 5.1　自动变速器的基本检查

任务陈述

自动变速器的油位不当、油质不佳、联动机构调节不当以及发动机怠速不正常，是导致自动变速器产生故障的最常见原因。通常将对这些部件的检查与重新调整，叫作自动变速器的基本检查。无论具体故障是什么，这种基本检查总是要进行的，而且是首先进行的。基本检查和调整项目包括油面检查、油质检查、液压控制系统漏油检查、油门拉索检查和调整、换挡杆位置检查和调整、空挡起动开关和怠速检查。

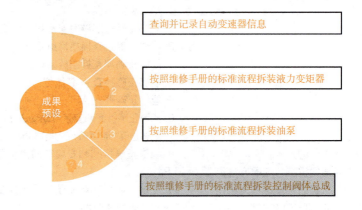

知识准备

情境导入：更换液力变矩器或阀板时，需确认匹配型号，本任务学习如何识别型号。

一、液力变矩器、阀板的选配

1. 变速箱代码识别

变速箱代码如图 2-5-1 所示。

图 2-5-1　变速箱代码

变速箱代码含义如图 2-5-2 所示。

示例：	CKX	03	01	5
	|	|	|	|
	代码	日	月	年（1995）
				生产日期

图 2-5-2　变速箱代码含义

2. 液力变矩器

变矩器上安装有一个锁止离合器。锁止离合器按荷载和车速的变化来接合，接合后无打滑现象，1、2、3、4 挡可实现刚性传动。锁止离合器与变矩器一体。自动变速器油泵由变矩器驱动。安装变矩器时须注意驱动轴的两个轴颈应装入自动变速器油泵内齿轮的槽内。

液力变矩器代码：变矩器有不同型号，标记由代码表示，如图 2-5-3 所示。

图 2-5-3　液力变矩器代码

3. 排放液力变矩器油

由于磨损导致自动变速器油变脏或修理变速器时，应按下述排放自动变速器油：用 V.A.G1358A 和导管 V.A.G1358A/1 将变矩器中的自动变速器油抽出。

4. 阀板代码

代码打在凸起部位，凸起部位必须与滑阀箱相对应。

二、换挡操纵机构的维修保养

注意：在发动机运转时进行修理工作之前，必须将变速杆置于 P 挡并拉紧手制动器。

1. 检查换挡操纵机构

（1）变速杆置于 P 挡并打开点火开关。

①未踏下制动踏板：变速杆锁止，不能脱开位置"N"。变速杆锁止电磁铁卡住变速杆。

②踏下制动踏板：变速杆锁止电磁铁松开变速杆，可挂入任一挡位。

（2）变速杆置于 N 挡并打开点火开关。

①未踏下制动踏板：变速杆锁止，不能脱开位置"N"。变速杆锁止电磁铁卡住变速杆。

②踏下制动踏板：变速杆锁止电磁铁松开变速杆，可挂入任一挡位。

说明：

①变速杆处于位置 1、2、3、D 和 R 时，起动机不能起动。对于右置方向盘的车，只有不按下变速杆手柄上的锁止按钮且变速杆处于位置 P 和 N 时，才能起动启动机。

②车速超过 5 km/h 且挂入挡位 N 时，变速杆锁止电磁铁不能接合，也就不能锁止变速杆。变速杆可挂入任一挡位。

③车速低于 5 km/h 且挂入挡位 N 时，1 s 后变速杆锁止电磁铁接合，踏下制动踏板后，变速杆才能脱开挡位 N。

2. 检查和调整变速杆拉索

（1）检查。

①拆下变速杆/选挡换挡轴上用于固定变速杆拉索的带肩螺钉。

②将变速杆从 P 挡换为 1 挡。

③换挡操纵机构和变速杆拉索应轻便灵活，如需要，更换变速杆拉索或修理换挡操纵机构。变速器支座上、变速杆拉索的弹性垫圈拆卸后必须更换。

（2）调整。

①将变速杆置于 P 挡。

②松开变速杆/选挡换挡轴上用于固定变速杆拉索的带肩螺钉。

③将变速杆/选挡换挡轴置于 P 挡，锁止杠杆必须进入停车锁止轮，两前轮锁止。

④在该位置用 25 N·m 力矩将变速杆/选挡换挡轴上的带肩螺钉拧紧。

任务 5.2 分解和组装换挡操纵机构

任务陈述

换挡操纵机构包括 P、R、N、D、3、2、1 7 个位置，实际上控制的是阀板中手动阀的 7 个位置，"D"位置时为 1～4 挡自动切换，"3"位置限制变速器升 4 挡，"2"位置限制变速器升 3、4 挡，"1"位置限制变速器升 1、2、3 挡，这种控制方式是为了在大负荷时保证车轮获得较大转矩，同时下陡坡时具有发动机制动作用。掌握换挡操纵机构的结构，是为了维修变速器总成或换挡操纵机构后调整位置不当，导致变速器实际接位与驾驶员操纵接位不同位置的故障产生。

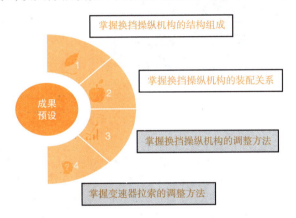

知识准备

情境导入：为某台配有 01M 型号变速器的车辆更换换挡杆总成及变速器拉锁。

1. 换挡操纵机构的结构组成

换挡操纵机构的结构组成如图 2-5-4 所示。

2. 拆卸换挡机构壳体

（1）拆下中、后部副仪表板；
（2）拆下带台肩的六角螺母；
（3）拆下保护板；
（4）拔下 λ 传感器插塞连接，分开排气装置和前催化净化器（6 缸车须拆下催化净化器）；
（5）拆下前保护板和后部螺栓。

3. 安装前组装变速杆

（1）变速杆装到换挡机构壳体内，须调整变速杆锁止电磁铁。

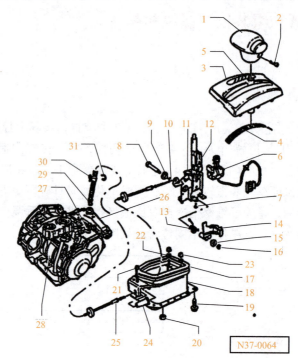

图 2-5-4　换挡操纵机构的结构组成

1—变速杆手柄；2—1.5 N·m 螺纹杆；3—护板，带挡位指示；4—保护条；5—变速杆护套；6—变速杆锁止电磁铁 N110；7—3 N·m 螺栓；8—带肩螺栓；9、15—衬套；10—弹性挡圈；11—变速杆；12—挡位指示照明；13—弹簧；14—杠杆；16—10 N·m 螺母；17—密封垫；18—换挡机构壳体；19—25 N·m 带肩螺栓；20—15 N·m 螺母；21—25 N·m 六角螺母；22—隔套；23—螺母；24—套管；25—变速杆拉索；26—托架；27—杠杆，用于选挡换挡轴；28—变速器；29—垫圈；30—25 N·m 带肩螺栓；31—轴向弹性挡圈

（2）变速杆锁止电磁铁 N110 的螺纹杆和螺栓，涂密封胶 AMV 185 101 A1 后拧入。

4. 调整变速杆锁止电磁铁 N110

在长孔内移动来调节电磁铁，直至压杆和杠杆间隙 a=0.3 mm。

5. 调整压杆和杠杆之间的间隙

调整压杆和杠杆之间的间隙 a=0.3 mm。

功能检查：

（1）将变速杆置于挡位 P，电磁铁加 12 V 电压，变速杆不能换入其他挡位。

①切断电压，变速杆应能挂入所有挡位。

②压杆不应卡住杠杆。

（2）将变速杆置于挡位 N，按（1）所述检查。

调整间隙后，安装变速杆总成。

6. 将变速杆拉索固定在变速杆上

将变速杆拉索圈环安装到变速杆上并用弹性挡圈固定。

7. 将线束紧固到换挡机构壳体上

将线束压入夹子和换挡机构壳体内。

8. 固定挡位指示照明插头

（1）推带凸缘的支架，直至凸缘进入孔内。

（2）将插头的电线放入支架并将插头推入支架。

9. 将套管装入换挡机构壳体

安装变速杆拉索前，先装入套管。

10. 安装

安装时应注意锁止拉索正确位置，在车上铺设锁止拉索。

将锁止拉索的孔装到锁止杠杆上。

将锁止拉索装入支架，调整锁止拉索后才可拧紧螺栓。

先将锁止拉索夹子装到锁止拉索上，再将锁止拉索压到球头上，最后将带夹子的锁止拉索压入点火开关的支架内。

将锁止拉索装到转向柱上。

（1）调整位于变速杆支架上的锁止拉索；

（2）安装中央副仪表板；

（3）安装带保护条的护板和变速杆手柄；

（4）固定点火开关衬板并安装方向盘。

11. 调整锁止拉索（带有点火钥匙拔下锁止机构的车）

（1）锁止拉索必须在安装位置上进行调整；

（2）将变速杆置于挡位 1；

（3）向右转动点火锁（起动位置），然后再松开；

（4）通过滑动锁止拉索护套来调整杠杆 1 和锁止销 2 之间的间隙，使之达到 0.7 mm；

（5）尺寸 a=0.7 mm；

（6）在此位置用 6 N·m 力矩拧紧锁止拉索支架螺栓；

（7）将变速杆换入挡位 P 并将点火锁转到终端位置；

（8）拔下点火钥匙；

（9）变速杆只有在这个位置，点火钥匙才可拔下；

（10）变速杆不能脱离挡位 P。

任务 5.3　检查和补充自动变速器油（ATF）

任务陈述

检查和补充自动变速器油（ATF）是维护保养自动变速器的作业内容，充足的

ATF 是保证自动变速器正常运行的必要条件。

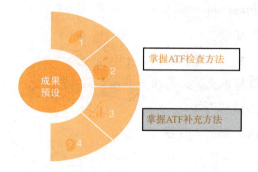

知识准备

情境导入：为某台配有 01M 型号变速器的车辆检查和补充 ATF。

注意：大众自动变速器油可作为备件提供。
油桶容量 0.5 L。零件号 G 052 162 A1。
油桶容量 1.0 L。零件号 G 052 162 A2。
检查完自动变速器油面高度，必须更换螺塞的密封圈。

1. 检查自动变速器油面高度

（1）检查条件：
①变速器未进入应急状态，自动变速器油温不超过 30 ℃；
②车在水平位置；
③变速杆位于挡位 P；
④将充油系统 V.A.G1924 的储油罐固定到车上；
⑤连接故障读取器 V.A.G1551，输入地址码"02"选择"变速器电子系统"，继续操作，直至显示屏显示"功能选择 ××"。

（2）拆下油底壳上用于检查自动变速器油的螺塞：
①使自动变速器油温达到检查温度：35～45 ℃；
②放出溢流管内的自动变速器油；
③如果自动变速器油从孔中滴出，则不须补充自动变速器油；
④装上新密封圈后用 15 N·m 力矩拧紧螺塞，因此须结束检查；
⑤如果只是溢流管中的自动变速器油从孔中流出，则需要补充自动变速器油。

2. 补充自动变速器油

（1）用螺钉旋具撬起用于固定螺塞的端盖，撬下后，端盖的定位部分损坏，因此必须更换端盖；

（2）从加油管上拔下油塞。

说明：有些变速器装有带卡箍的端盖，这种端盖可再使用V.A.G1924加注自动变速器油，直至油从检查孔流出。

注意：自动变速器油过多或过少都会影响变速器功能。

（1）装上新密封圈后用15 N·m力矩拧紧螺塞。

（2）将油塞插在加油管上，直至卡箍进入口内，或装上加油管油塞并用一新端盖紧固。

（3）将端盖定位。

注意：必须更换端盖，端盖用于固定油塞。

3. 更换自动变速器油

（1）拆下油底壳上用于检查自动变速器油的螺塞；

（2）放出自动变速器油；

（3）安装溢流管；

（4）用手拧紧螺塞；

（5）通过加油管加入3 L自动变速器油；

（6）起动发动机并在车静止时将所有挡位都试挂一次；

（7）检查自动变速器油面高度并补充机油；

（8）行星齿轮机构加油量为0.27 L。

规格：大众自动变速器油（VW ATF）。

任务5.4　自动变速器机械传动部分

任务陈述

在车加速不良、车速不够或有驱动故障时，了解各挡位工作的换挡元件，从而可以得知哪些换挡元件有故障。所有挡位均可挂入液压挡，通过变矩器上锁止离合器的作用，按预先给定的载荷和车速，所有前进挡均可实现刚性传动。

知识准备

情境导入：了解01M自动变速器机械传动部分的工作状态（图2-5-5）。

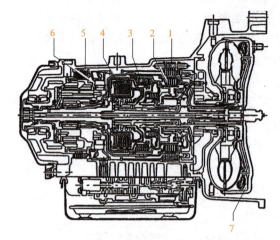

图 2-5-5　01M 自动变速器机械传动部分

1—2 挡和 4 挡制动器 B2；2—倒挡离合器 K2；3—1～3 挡离合器 K1；4—4 挡离合器 K3；
5—倒挡制动器 B1；6—单向离合器 F；7—锁止离合器，与变矩器一体

换挡元件工作状态见表 2-5-1。

表 2-5-1　换挡元件工作状态

挡位	B1	B2	K1	K2	K3	F	UK
R	X			X			
1H			X			X	
1M			X			X	X
2H		X	X				
2M		X	X				X
3H			X	X			
3M			X	X			X
4H		X			X		
4M		X			X		X

注：X= 离合器、制动器或单向离合器接合；
H= 液压传动；
M= 刚性传动。

1.拆卸输入轴传动组件主动部分

（1）拆卸油泵固定螺栓，按对角顺序拧松油泵螺栓。

注意：分两次拧松，防止油泵接触面受力不均匀导致变形，造成油道泄漏故障。

（2）顶出油泵。

①安装 M8 螺栓至有螺纹的两个螺栓孔内。

②紧固 M8 螺栓，直至油泵与变速箱壳体分离。

（3）拆卸主动部分，用手提起输入轴，将输入轴主动部分组件全部取出。

（4）分解主动部分。

①取下 B2 制动器，将内片、外片、波形垫片、弹簧、弹簧帽分别放置。
②取下隔离套管。
（5）取下 K2 倒挡离合器。
（6）取下 K1 与 K2 之间的调整垫片。
（7）使用压床分离 K1 与 K3。
（8）取下 K1 离合器弹性挡圈及离合器片组，并将内、外片分别放置。
（9）取下 K2 离合器弹性挡圈及离合器片组，并将内、外片分别放置。
（10）取下 K3 离合器弹性挡圈及离合器片组，并将内、外片分别放置。

2. 检查摩擦片

（1）分别检查 B1、K1、K2、K3 片组的摩擦片。
（2）摩擦片组外缘有齿的为外片，内缘有齿的为内片，外片为钢制材料，内片为摩擦材料。
（3）外片检查时，观察有无翘曲变形，有无高温烧蚀。
（4）内片检查时，观察摩擦片有无翘曲变形，摩擦面磨损是否均匀，摩擦材料是否脱落。

注意：
（1）检查后，若继续使用旧摩擦片，则需清洁后在 ATF 中浸泡 15 min 以上；若使用新的摩擦片，则需将摩擦片在 ATF 中浸泡 3 h 以上为宜。
（2）钢制外片若无变形、烧蚀，清洁后便可继续使用，无须浸泡。

3. 拆卸输入轴传动组件被动部分

（1）拆卸变速器后端盖及密封垫。
（2）拆卸小输入轴固定螺栓及调整垫片。
注意： 由于拉维娜式自动变速器是复合行星排自身结构，会导致小输入轴逆时针转动时，大太阳轮顺时针转动；因此，在松动小输入轴固定螺栓时，需将大太阳轮固定，方可松动螺栓。
（3）拆卸主动齿轮固定螺母。
注意： 当松动主动齿轮固定螺母时，主动齿轮及齿圈会随之转动，因此需操作选挡机构，将变速器置于 P 挡，锁止输出轴齿轮，方可松动螺母。
（4）拆卸分解被动部分组件。
①拆卸单向离合器弹性挡圈。
②取出单向离合器。
③取出行星架。
注意： 当取出行星架时，取出行星架内花键处的橡胶密封圈，安装时必须更换。
④取出 B1 制动器组件。
⑤取出主动齿组件。

4. 安装输入轴传动组件被动部分

（1）安装主动齿轮。

①清洁变速箱壳体内部。
②清洁主动齿轮。
③放置主动齿轮。
④紧固主动齿轮固定螺母（力矩需查询维修手册）。

注意：

①输入轴主动齿轮需与输出轴主动齿轮啮合，安装后需用手转动齿轮，检查转动是否平稳。

②当紧固主动齿轮固定螺母时，需将变速器挡位挂入 P 挡。

（2）安装行星架。

①清洁行星架及相关组件。
②安装推力轴承垫片（光滑面装入主动齿轮）。
③安装推力滚针轴承。
④安装推力轴承垫圈。
⑤安装行星架内 O 形密封圈（必须更换新的）。
⑥安装行星架。

注意： 装入行星架组件后，用手转动行星架，检查转动是否平稳。

（3）安装 B1 制动器。

①清洁摩擦片。
②安装推力滚针轴承垫圈至小太阳轮。
③安装推力滚针轴承至推力滚针轴承垫圈上方。
④安装 B1 制动器片组。

注意：

①调整垫片安装在片组最下方。
②碟形弹簧凸起面朝上（装反导致 B1 活塞不能复位）。

（4）安装单向离合器。

使用专用工具安装单向离合器总成。

注意：

①安装前需用 ATF 浸润活塞密封唇。
②当装入活塞时，需转动活塞，防止外环刮伤密封唇。

（5）安装弹性挡圈。

注意： 必须将弹性挡圈装入壳体卡槽内。

（6）安装传动组件。

①安装推力滚针轴承垫圈。
②安装推力滚针轴承。
③安装大太阳轮。
④安装推力滚针轴承垫圈（带台肩）。
⑤安装推力滚针轴承。
⑥安装大输入轴（小太阳轮）。

⑦安装推力滚针轴承。
⑧安装滚针轴承。
⑨安装小输入轴。
⑩安装小输入轴固定螺栓（力矩需查询维修手册）。

注意：
①安装大太阳轮后，需用手转动大太阳轮，检查转动是否平稳。
②安装小太阳轮后，需用手转动大太阳轮，检查转动是否平稳。
③安装小输入轴后，需用手转动大太阳轮，检查转动是否平稳。
④当紧固小输入轴固定螺栓时，需固定大太阳轮，防止小输入轴转动，无法紧固螺栓。

5. 安装输入轴传动组件主动部分

（1）组装 K3 离合器。
①安装片组及弹性挡圈。
②检查活塞环接口。
（2）组装 K1 离合器。
①将压盘和片组安装在内片支架上。
a. 装上压盘 a，光滑面朝向内片，阶梯面朝向内片支架。
b. 装上 3 个内片 b 和 2 个外片 c。
c. 夹住带棱的立式止推轴承。
②将波形弹簧垫片和片组装入离合器壳。
③安装内片支架和弹性挡圈，安装时，稍微抬起内片支架。
（3）组装 K1 与 K3 离合器。使用压床及专用工具，将 K3 与 K1 压合。

注意：压合前仔细对准花键槽。

（4）安装 K1 与 K3 离合器组件。
①安装 K3 离合器止推轴承。
②将 K1 与 K3 离合器组件安装至小输入轴。

注意：安装前检查离合器摩擦片内齿是否对齐。

（5）组装 K2 离合器。将安装片组装至 K2 离合器壳体内。
（6）安装 K2 离合器。
①安装隔离套管。
②安装 K2 至 K1 上。

注意：
①隔离套管缺口对准单向离合器缺口。
②安装前检查离合器摩擦片内齿是否对齐。

（7）安装 B2 制动器。
①安装 3 mm 厚度外片及弹簧帽在最下方。
②安装其他片组及弹簧。
③安装调整垫片及弹簧帽在最上方。
④安装波形弹簧垫片。

(8)安装油泵。
①清洁壳体法兰。
②清洁油泵接触面。
③安装油泵垫片。
④在油泵密封圈上涂抹 ATF 或凡士林。
⑤对准油泵与壳体油道安装油泵。
⑥按维修手册规定力矩紧固油泵固定螺栓（对角顺序）。

任务实施

学生实训作业单

项目2 汽车变速箱系统检测维修		总学时：30
任务5 自动变速器车下检测维修		实训学时：9
姓名：	学号：	班级：
实训日期：		指导教师：

任务要求：
通过该任务的实施，能够按照维修手册的标准流程拆检 01M 自动变速器机械传动部分，完成车下检修

一、安全操作及注意事项

二、选用的工具

续表

三、资料、信息查询
1. 查询并记录自动变速器信息
2. 查询 01M 自动变速器油泵、油底壳、阀板、小输入轴螺栓的拧紧力矩
四、机械部分拆检
1. 拆卸步骤记录
2. B1 制动器间隙测量并计算
3. B2 制动器间隙测量并计算
4. 油泵至壳体法兰间隙测量并计算
五、结果分析及维修建议

考核评价

"1+X"职业技能自动变速箱部件检测维修 - 评分细则【中级】

项目2　汽车变速箱系统检测维修			日期：				
姓名：	班级：			学号：		指导教师签字：	
自评 □熟练　□不熟练	互评 □熟练　□不熟练			师评 □熟练　□不熟练			
任务5　自动变速器车下检测维修							
序号	考核要点	评分标准	分值	评分要求	自评	互评	师评
1	准备/7S管理	1. 能进行工位7S操作； 2. 能进行设备和工具安全检查； 3. 能进行车辆安全防护工作； 4. 能进行工具清洁校准存放操作； 5. 能进行三不落地操作	15	未完成1项扣3分，扣分不得超过15分			
2	专业技能能力	1. 能正确拆解自动变速器机械传动部分； 2. 能正确检查各部件使用性能； 3. 能正确测量并计算制动器、离合器配合间隙； 4. 能正确查询手册确定调整垫片厚度； 5. 能诊断机械传动部件异常故障，分析故障原因，制定维修方案； 6. 能正确排除故障	50	未完成1项扣10分，扣分不得超过50分			
3	工具及设备的使用能力	1. 能正确选用检测工具； 2. 能规范使用测量工具； 3. 能安全、规范操作车辆	10	未完成1项酌情扣1~3分，扣分不得超过10分			
4	资料、信息查询能力	1. 能正确使用维修手册查询资料； 2. 能在规定时间内查询所需资料； 3. 能正确记录所查询资料； 4. 能正确记录所需维修信息	10	未完成1项酌情扣1~3分，扣分不得超过10分			
5	数据判读和分析的能力	1. 能判断自动变速器机械传动部件工作状况； 2. 能分析部件损伤原因	10	未完成1项酌情扣1~5分，扣分不得超过10分			
6	表单填写与报告的撰写能力	1. 字迹清晰； 2. 语句通顺； 3. 无错别字； 4. 无涂改； 5. 无抄袭	5	未完成1项扣1分，扣分不得超过5分			
		得分					
		总分					

项目 3

汽车传动系统检测维修

任务导读

手动变速器捷达在行驶过程中转弯时会听到"咔咔"的声音,且车身有抖动,现需要修理。

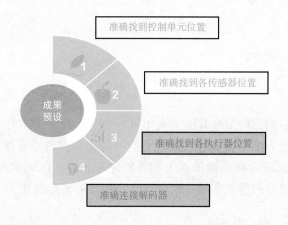

知识要求	技能要求
1. 了解传动轴、万向节叉和万向节（等速万向节）调整、更换流程； 2. 掌握传动轴的间隙调整方法； 3. 了解半轴、花键、油封、轴承和轴承座更换流程； 4. 了解齿圈和主动小齿轮组、组合式调整垫、楔形垫块和轴承更换流程； 5. 掌握齿圈和主动小齿轮的啮合量检查和测量方法	1. 能够检查、维修、更换传动轴、万向节叉和万向节（等速万向节），保证相位正确； 2. 能够检查和调整传动轴的间隙； 3. 能够拆卸、检查和更换半轴、花键、油封、轴承和轴承座； 4. 能够检查和更换齿圈、主动小齿轮组、组合式调整垫、楔形垫块和轴承； 5. 能够检查和调整齿圈和主动小齿轮的啮合量

汽车传动系统是将发动机发出的动力按照需求传递给驱动轮，按结构和传递介质不同，可分为机械式、液力机械式、静液式、电力式等。

任务1　万向节检测维修

汽车上采用的万向节按其刚度大小可分为刚性万向节和柔性万向节。

其中，刚性万向节按其速度特性分为不等速万向节（常用的为十字轴式）、准等角速万向节（双联式和三销轴式）和等角速万向节（包括球叉式和球笼式）。目前，在汽车上应用较多的是十字轴式刚性万向节和等角速万向节。

一、十字轴式刚性万向节

十字轴式刚性万向节如图 3-1-1 所示，它允许相邻两轴的最大夹角为 20°。

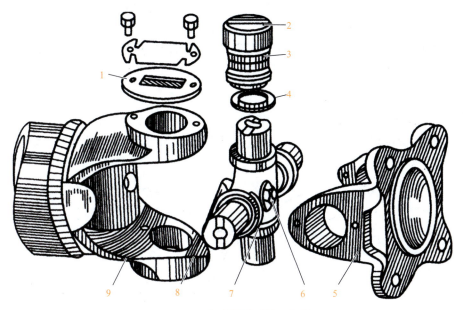

图 3-1-1 十字轴式刚性万向节

1—轴承盖；2—套筒；3—滚针；4—油封；5、9—万向节叉；6—安全阀；7—十字轴；8—油嘴

1. 十字轴式刚性万向节的构造

十字轴式刚性万向节主要由十字轴、万向节叉等组成。万向节叉上的孔分别套在十字轴的四个轴颈上。

2. 十字轴式刚性万向节的特性

单个十字轴式刚性万向节在主动轴和从动轴之间有夹角的情况下，当主动叉是等角速转动时，从动叉是不等角速的，且两转轴之间的夹角 α 越大，不等速性就越大，如图 3-1-2 所示。

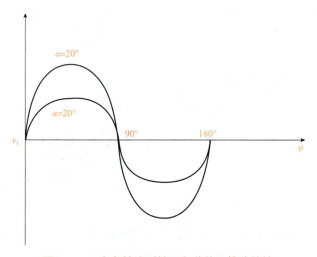

图 3-1-2 十字轴式刚性万向节的不等速特性

二、等角速万向节

等角速万向节的基本原理是传力点永远位于两轴交点的平分面上，如图 3-1-3 所示。

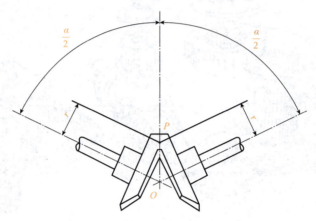

图 3-1-3　等角速万向节的基本原理

等角速万向节的常见结构形式有球笼式和球叉式两种。

1. 球笼式等角速万向节

如图 3-1-4 所示，球笼式等角速万向节由 6 个钢球、星形套、球形壳和保持架等组成。

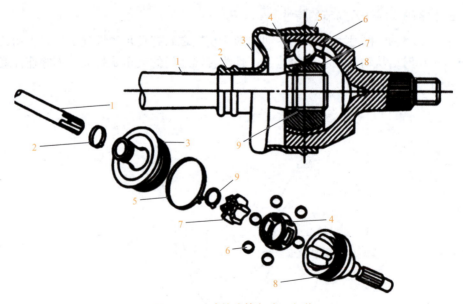

图 3-1-4　球笼式等角速万向节

1—主动轴；2、5—钢带箍；3—外罩；4—保持架；6—钢球；
7—星形套（内滚道）；8—球形壳（外滚道）；9—卡环

2. 球叉式等角速万向节

如图 3-1-5 所示，球叉式等角速万向节由主动叉、从动叉、4 个传动钢球、中心钢球、定位销、锁止销等组成。

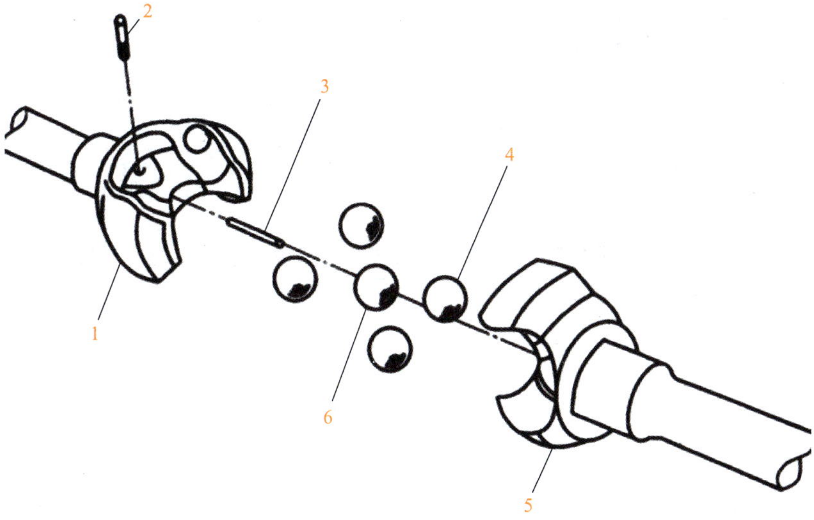

图 3-1-5 球叉式等角速万向节

1—从动叉；2—锁止销；3—定位销；4—传动钢球；5—主动叉；6—中心钢球

三、球笼式等角速万向节

1. 球笼式等角速万向节的拆卸

（1）用钢锯将万向节的金属卡箍锯开，取下防尘套。
（2）用卡簧钳拆下弹簧锁环，然后用专用工具将内万向节从传动轴上压出。
（3）外万向节的分解：旋转球笼与星形套，依次取下 6 个钢球。
（4）内万向节的分解：转动星形套与球笼，按一定方向压出球笼和星形套，然后取出钢球；再转动星形套，使其与球笼分开。

2. 球笼式等角速万向节的安装

安装时按照拆卸时的反顺序进行。

（1）对于安装外等速万向节，应按说明书的规定将润滑脂总量的一半注入万向节内，将球笼连同星形套一起装入壳体，对角交替地压入钢球，必须保持球壳及球笼壳体内的原有位置。将弹簧锁环装入星形套，并将剩余的润滑脂压入万向节。
（2）对于安装内等速万向节，对准凹槽将星形套嵌入球笼，将装有钢球与星形套的球笼垂直装入壳体。安装时应注意旋转之后，球笼上的宽间隙应对准星形套上所示的窄间隙，且球壳内径上的倒角必须对准球笼的大端直径；扭转星形套，使钢球在与壳体中的球槽配合时有足够的间隙；用力按压球笼，如果用手能使星形套在轴向范围内来回灵活推动，则表明该球笼安装正确。

任务实施

学生实训作业单

项目 3　汽车传动系统检测维修	总学时：16
任务 1　万向节检测维修	实训学时：4

姓名：	学号：	班级：
实训日期：		指导教师：

任务要求：
通过该任务的实施，能够对轿车万向节的常见故障进行诊断、分析并能给出维修建议

一、安全操作及注意事项

二、选用的工具

三、资料、信息查询

1. 万向节的作用、结构

2. 万向节常见的故障

续表

四、诊断步骤和检测结果
1. 故障现象
2. 诊断步骤
3. 检测结果

五、检测结果分析及维修建议

考核评价

"1+X"职业技能万向节检测维修 – 评分细则【中级】

项目 3	汽车传动系统检测维修			日期:		
姓名:		班级:		学号:		指导教师签字
自评 □熟练 □不熟练		互评 □熟练 □不熟练		师评 □熟练 □不熟练		
任务 1 万向节检测维修						

序号	考核要点	评分标准	分值	评分要求	自评	互评	师评
1	准备 /7S 管理	1. 能进行工位 7S 操作； 2. 能进行设备和工具安全检查； 3. 能进行车辆安全防护工作； 4. 能进行工具清洁校准存放操作； 5. 能进行三不落地操作	15	未完成 1 项扣 3 分，扣分不得超过 15 分			
2	专业技能能力	作业 1： 1. 能正确排放和加注变速箱油； 2. 能正确拆装半轴与轮毂的螺栓； 3. 能正确拆装控制臂与转向节螺栓； 4. 能正确拆装驾驶员侧半轴； 5. 能正确拆装乘员侧半轴； 6. 能正确拆装半轴油封； 7. 能正确拆装半轴防尘套。 作业 2： 1. 能正确查询半轴与轮毂螺栓扭矩； 2. 能正确查询控制臂与转向节螺栓扭矩； 3. 能正确查询半轴拆装步骤； 4. 能正确查询半轴油封拆装步骤； 5. 能正确查询防尘套拆装步骤	50	未完成 1 项扣 3 分，扣分不得超过 50 分			
3	工具及设备的使用能力	1. 能正确使用维修工具； 2. 能正确使用半轴球笼万向拆卸器	10	未完成 1 项酌情扣 1～3 分，扣分不得超过 10 分			
4	资料、信息查询能力	1. 能正确使用维修手册查询资料； 2. 能在规定时间内查询所需资料； 3. 能正确记录所查询资料的章节及页码； 4. 能正确记录所需维修信息	10	未完成 1 项酌情扣 1～3 分，扣分不得超过 10 分			

续表

序号	考核要点	评分标准	分值	评分要求	自评	互评	师评
5	数据判读和分析的能力	1. 能判断半轴防尘套密封性是否正常； 2. 能判断半轴油封密封性是否正常； 3. 能判断半轴安装是否到位	10	未完成1项酌情扣1～5分，扣分不得超过10分			
6	表单填写与报告的撰写能力	1. 字迹清晰； 2. 语句通顺； 3. 无错别字； 4. 无涂改； 5. 无抄袭	5	未完成1项扣1分，扣分不得超过5分			
		得分					
		总分					

任务2　传动轴和中间支承检测维修

知识准备

一、传动轴

1. 功能

传动轴是万向传动装置中的主要传力部件，通常用来连接变速器（或分动器）和驱动桥，在转向驱动桥和断开式驱动桥中，则用来连接差速器和驱动车轮。

2. 结构

传动轴有实心轴和空心轴之分。

如图3-2-1所示为解放CA1092型商用车的万向传动装置。

3. 检修

传动轴轴管不得有裂纹及严重的凹瘪现象。如图3-2-2所示，检查传动轴轴管全长的径向圆跳动，应符合表3-2-1的规定。

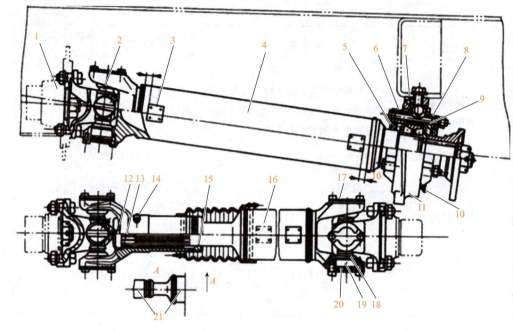

图 3-2-1 解放 CA1092 型商用车的万向传动装置

1—凸缘叉；2—万向十字轴；3—平衡片；4—中间传动轴；5、15—油封；6—中间支承前盖；7—橡胶垫片；8—中间支承后盖；9—双列圆锥滚子轴承；10、14—润滑油脂嘴；11—支架；12—堵盖；13—滑动叉；16—主动轴；17—锁片；18—滚针轴承油封；19—万向节滚针轴承；20—滚针轴承轴承盏；21—装配位置标记

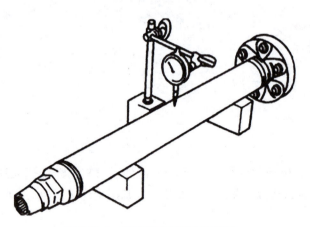

图 3-2-2 检查传动轴径向圆跳动

表 3-2-1 传动轴轴管的径向圆跳动公差

轴长 /mm	小于 600	600～1 000	小于 1 000
径向圆跳动公差 /mm	0.6	0.8	1.0

二、中间支承

1. 功能

传动轴分段时需加中间支承,中间支承通常装在车架横梁上,它能补偿传动轴轴向和角度方向的安装误差,以及汽车行驶过程中因发动机窜动或车架变形等引起的位移。

2. 结构

中间支承由支架和轴承等组成。

东风 EQ1090 型商用车中间支承如图 3-2-3 所示。

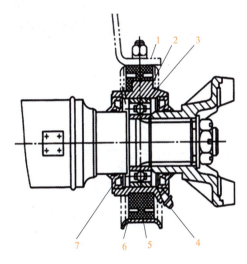

图 3-2-3　东风 EQ1092 型商用车中间支承

1—车架横梁;2—轴承座;3—轴承;4—注油嘴;5—蜂窝形橡胶垫;6—U 形支架;7—油封

3. 检修

检查中间支承的橡胶垫环是否开裂,油封磨损是否过甚而失效,轴承松旷或内孔磨损是否严重,如图 3-2-4 所示,如果是,均应更换新的中间支承。

中间支承轴承经使用磨损后,需及时检查和调整,以恢复其良好的技术状况。

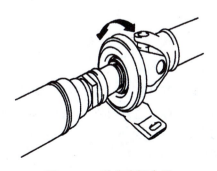

图 3-2-4　检查中间支承

三、万向传动装置的拆装与调整

1. 万向传动装置的拆装注意事项

拆卸传动轴之前，车辆应用举升器举起或停在水平路面上（摁住汽车的前后轮，以防拆卸时汽车移动）。按照图 3-2-5 所示的方法在每个万向节叉的凸缘上做好标记，以便原位装复，否则，会破坏传动轴的动平衡。

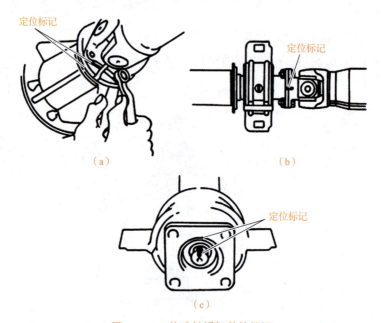

图 3-2-5　传动轴拆卸前的标记

2. 万向传动装置的装配

万向传动装置装配时，要按做好的标记原位装复。同时注意以下问题：
（1）清洗零件；
（2）核对零件的装配标记；
（3）十字轴的安装；
（4）中间支承的安装；
（5）加注润滑脂。

四、上海桑塔纳轿车万向传动装置的拆装与调整

（1）万向传动装置的拆卸。
①外万向节（RF 型球笼式等角速万向节）的拆卸和分解。
②内万向节（VL 型球笼式等角速万向节）的拆卸和分解。
（2）万向传动装置的安装。
①安装外等速万向节。
②安装内等速万向节。

（3）内、外万向节与传动轴的组装。
（4）安装传动轴总成。

任务实施

学生实训作业单

项目3　汽车传动系统检测维修		总学时：16
任务2　传动轴和中间支承检测维修		实训学时：4
姓名：	学号：	班级：
实训日期：		指导教师：

任务要求：
通过该任务的实施，能够对轿车传动轴和中间支承的常见故障进行诊断、分析并能给出维修建议

一、安全操作及注意事项

二、选用的工具

三、资料、信息查询

1. 万向传动装置的作用、结构

2. 万向传动装置常见的故障

续表

四、诊断步骤和检测结果
1. 故障现象
2. 诊断步骤
3. 检测结果
五、检测结果分析及维修建议

考核评价

"1+X"职业技能传动轴和中间支承检测维修 – 评分细则【中级】

项目3 汽车传动系统检测维修		日期：	
姓名：	班级：	学号：	指导教师签字：
自评 □熟练 □不熟练	互评 □熟练 □不熟练	师评 □熟练 □不熟练	

任务2 传动轴和中间支承检测维修

序号	考核要点	评分标准	分值	评分要求	自评	互评	师评
1	准备/7S管理	1. 能进行工位7S操作； 2. 能进行设备和工具安全检查； 3. 能进行车辆安全防护工作； 4. 能进行工具清洁校准存放操作； 5. 能进行三不落地操作	15	未完成1项扣3分，扣分不得超过15分			
2	专业技能能力	1. 能正确检查传动轴径向圆跳动； 2. 能正确装配万向传动装置	50	未完成1项扣3分，扣分不得超过50分			
3	工具及设备的使用能力	1. 能正确使用维修工具； 2. 能正确使用百分表	10	未完成1项酌情扣1~3分，扣分不得超过10分			
4	资料、信息查询能力	1. 能正确使用维修手册查询资料； 2. 能在规定时间内查询所需资料； 3. 能正确记录所查询资料的章节及页码； 4. 能正确记录所需维修信息	10	未完成1项酌情扣1~3分，扣分不得超过10分			
5	数据判读和分析的能力	能判断中间轴支承的橡胶是否正常	10	未完成1项酌情扣1~5分，扣分不得超过10分			
6	表单填写与报告的撰写能力	1. 字迹清晰； 2. 语句通顺； 3. 无错别字； 4. 无涂改； 5. 无抄袭	5	未完成1项扣1分，扣分不得超过5分			
		得分					
		总分					

任务 3 主减速器检测维修

知识准备

主减速器的功用是将输入的转矩增大并相应降低转速,以及当发动机纵置时还具有改变转矩旋转方向的作用。

为满足不同的使用要求,主减速器的结构形式也是不同的。

按参加减速传动的齿轮副数目,分为单级主减速器和双级主减速器。在双级主减速器中,若第二级减速器齿轮有两副,并分置于两侧车轮附近,实际上成为独立部件,则称为轮边减速器。

按主减速器主传动比挡数,分为单速式和双速式。前者的传动比是固定的,后者有两个传动比供驾驶员选择,以适应不同驾驶条件的需要。

按齿轮副结构形式,分为圆柱齿轮式[又分为轴线固定式和轴线旋转式(即行星齿轮式)]、圆锥齿轮式和准双曲面齿轮式。

目前,对于轿车和一般轻、中型货车,采用单级主减速器即可满足汽车动力性要求。它具有结构简单、体积小、质量小和传动效率高等优点。

图 3-3-1 所示为汽车驱动桥单级主减速器及差速器总成图,主减速器的减速传动机构为一对准双曲面锥齿轮(18 和 7)。主动锥齿轮 18 有 6 个齿,从动锥齿轮 7 有 38 个齿,故主传动比 $i_0=38/6=6.33$。

主动锥齿轮和从动锥齿轮之间必须有正确的相对位置,方能使两齿轮啮合传动时冲击噪声较小,而且轮齿沿其长度方向磨损较均匀。为此,在结构上一方面要使主动锥齿轮和从动锥齿轮有足够的支承刚度,使其在传动过程中不至于发生较大变形而影响正常啮合;另一方面应有必要的啮合调整装置。

为保证主动锥齿轮有足够的支承刚度,主动锥齿轮 18 与轴制成一体,前端支承在互相贴近而小端相向的两个圆锥滚子轴承 13 和 17 上,后端支承在圆柱滚子轴承 19 上,形成跨置式支承。环状的从动锥齿轮 7 连接在差速器壳 5 上,而差速器壳用两个圆锥滚子轴承 3 支承在主减速器壳 4 的座孔中。在从动锥齿轮的背面,装有支承螺栓 6,以限制从动锥齿轮过度变形而影响齿轮的正常工作。装配时,支承螺栓与从动锥齿轮端面之间的间隙为 0.3～0.5 mm。

装配主减速器时,圆锥滚子轴承应有一定的装配预紧度,即在消除轴承间隙的基础上,再给予一定的压紧力。其目的是减小在锥齿轮传动过程中产生的轴向力所引起的齿轮轴的轴向位移,以提高轴的支承刚度,保证锥齿轮副的正常啮合。但预紧度也不能过大,过大则传动效率低,且加速轴承磨损。为调整圆锥滚子轴承 13 和 17 的预紧度，在两轴承内座圈之间的隔离套的一端装有一组厚度不同的调整垫片 14。若发现预紧度过大，则增加调整垫片 14 的总厚度；反之，减小调整垫片的总厚度。工程上用预紧力矩表示预紧度的大小。调整到能以 10～15 N·m 的力矩转动叉形凸缘 11，预紧度即为合适。支承差速器壳的圆锥滚子轴承 3 的预紧度靠拧动两端轴承调整螺母 2 调整。调整时应用手转动从动锥齿轮，使滚子轴承处于适宜的预紧度。调好后应能以 1.5～2.5 N·m 的力矩转动差速器组件。应该指出的是圆锥滚子轴承预紧度的调整必须在齿轮啮合调整之前进行。

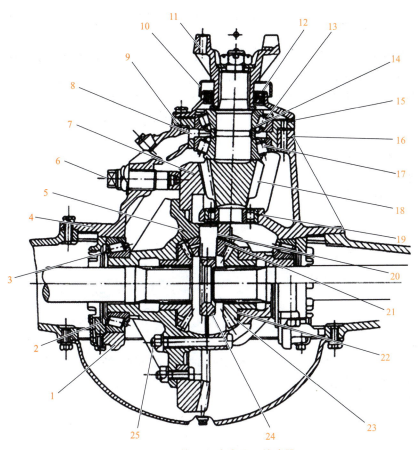

图 3-3-1　单级主减速器及差速器

1—差速器轴承盖；2—轴承调整螺母；3、13、17—圆锥滚子轴承；4—主减速器壳；5—差速器壳；6—支承螺栓；7—从动锥齿轮；8—进油道；9、14—调整垫片；10—防尘罩；11—叉形凸缘；12—油封；15—轴承座；16—回油道；18—主动锥齿轮；19—圆柱滚子轴承；20—行星齿轮垫片；21—行星齿轮；22—半轴齿轮推力垫片；23—半轴齿轮；24—行星齿轮轴（十字轴）；25—螺栓

锥齿轮啮合的调整是指齿面啮合印迹和齿侧间隙的调整。先在主动锥齿轮轮齿上涂以红色颜料（红丹粉与润滑油的混合物），然后用手使主动锥齿轮往复转动，于是从动锥齿轮轮齿的两侧工作面上便出现红色印迹。若从动锥齿轮轮齿正转和逆转工作面上的印迹位于其齿高的中间偏于小端，并占齿面宽度的 60% 以上，则为正确啮合（图 3-3-2）。正确啮合的印迹位置可通过改变主减速器壳与主动锥齿轮轴承座 15

（图 3-3-1）之间的调整垫片 9 的总厚度（即移动主动锥齿轮的位置）而获得。

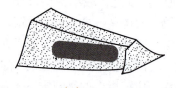 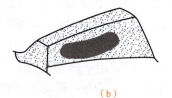

（a） （b）

图 3-3-2　主、从动齿轮啮合正确印痕

（a）正转工作时正确印痕；（b）逆转工作时正确印痕

啮合间隙的调整方法是拧动轴承调整螺母 2（图 3-3-1），以改变从动锥齿轮的位置。轮齿啮合间隙应在 0.15～0.40 mm 范围内。若间隙大于规定值，则应使从动锥齿轮靠近主动锥齿轮；反之则离开。为保持已调好的差速器圆锥滚子轴承预紧度不变，一端调整螺母拧入的圈数应等于另一端调整螺母拧出的圈数。

任务实施

学生实训作业单

项目 3　汽车传动系统检测维修		总学时 16
任务 3　主减速器检测维修		实训学时：4
姓名：	学号：	班级：
实训日期：		指导教师：
任务要求： 通过该任务的实施，能够对单级圆锥齿轮减速器的常见故障进行诊断、分析并能给出维修建议		
一、安全操作及注意事项 		
二、选用的工具 		

续表

三、资料、信息查询
1. 主减速器的作用、结构
2. 主减速器常见的故障
四、诊断步骤和检测结果
1. 故障现象
2. 诊断步骤
3. 检测结果
五、检测结果分析及维修建议

学习笔记

考核评价

"1+X"职业技能主减速器检测维修－评分细则【中级】

项目 3	汽车传动系统检测维修				日期：			
姓名：		班级：			学号：		指导教师签字：	
自评 □熟练 □不熟练		互评 □熟练 □不熟练			师评 □熟练 □不熟练			
任务 3	主减速器检测维修							

序号	考核要点	评分标准	分值	评分要求	自评	互评	师评
1	准备 /7S 管理	1. 能进行工位 7S 操作； 2. 能进行设备和工具安全检查； 3. 能进行车辆安全防护工作； 4. 能进行工具清洁校准存放操作； 5. 能进行三不落地操作	15	未完成1项扣3分，扣分不得超过 15 分			
2	专业技能能力	1. 能正确调整锥齿轮啮合间隙； 2. 能正确装配主减速器	50	未完成1项扣3分，扣分不得超过 50 分			
3	工具及设备的使用能力	能正确使用维修工具	10	未完成1项酌情扣 1～3 分，扣分不得超过 10 分			
4	资料、信息查询能力	1. 能正确使用维修手册查询资料； 2. 能在规定时间内查询所需资料； 3. 能正确记录所查询资料的章节及页码； 4. 能正确记录所需维修信息	10	未完成1项酌情扣 1～3 分，扣分不得超过 10 分			
5	数据判读和分析的能力	能判断齿轮间隙是否正常	10	未完成1项酌情扣 1～5 分，扣分不得超过 10 分			
6	表单填写与报告的撰写能力	1. 字迹清晰； 2. 语句通顺； 3. 无错别字； 4. 无涂改； 5. 无抄袭	5	未完成1项扣1分，扣分不得超过 5 分			
		得分					
		总分					

任务4 半轴检测维修

1. 半轴的作用与分类

半轴在差速器与驱动桥之间传递转矩。因为所传递的转矩经主减速器增矩后较大，故一般是实心轴。半轴的内端与差速器的半轴齿轮连接，而外端与驱动轮的轮毂相连。现代汽车的半轴基本上采用全浮式或半浮式支承形式。

（1）全浮式支承半轴。全浮式支承半轴广泛应用于各种类型的载货汽车上，如图3-4-1所示。

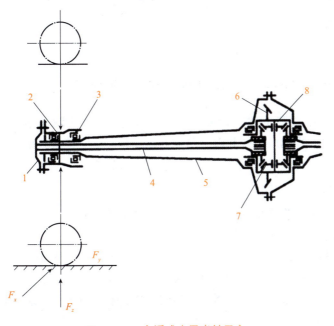

图3-4-1 全浮式支承半轴示意

1—半轴凸缘；2—轮毂；3—圆锥滚子轴承；4—半轴；5—桥壳；6—从动锥齿轮；
7—半轴齿轮；8—差速器壳

（2）半浮式支承半轴。在半浮式支承半轴中，半轴与桥壳间的轴承一般只用一个。为使半轴和车轮不致被向外的侧向力拉出，该轴承必须能承受向外的轴向力。另外，在差速器行星齿轮轴的中部浮套着止推块1（图3-4-2）。半轴内端正好能顶靠在止推块 1 的平面上，因而不致在朝内的侧向力作用下向内窜动。

半浮式支承半轴又称为半浮式半轴，因为它结构简单，所以广泛应用于承受反力和弯矩较小的各类轿车上。

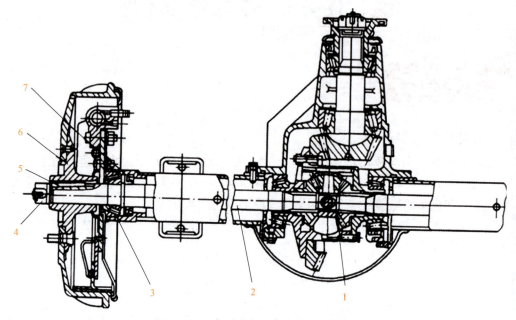

图 3-4-2　半浮式支承半轴形式的驱动桥

1—止推块；2—半轴；3—圆锥滚子轴承；4—锁紧螺母；5—键；6—轮毂；7—桥壳凸缘

半轴本身的结构除上述两种最常见的形式外，还受到驱动桥结构形式的影响。在转向驱动桥中，半轴应断开并以等角速万向节连接。在断开式驱动桥中，半轴也应分段并用万向节和滑动花键或伸缩型等角速万向节连接。

2. 半轴的检修

（1）半轴应进行隐伤检查，不得有任何形式的裂纹存在。

（2）半轴花键应无明显的扭转变形。

（3）以半轴轴线为基准，半轴中段未加工圆柱体径向圆跳动误差不得大于 1.3 mm；花键外圆柱面的径向圆跳动误差不得大于 0.25 mm；半轴凸缘内侧端面圆跳动误差不得大于 0.15 mm。径向圆跳动超限，应进行冷压校正；端面圆跳动超限，可车削端面进行修正。

（4）半轴花键的侧隙增大量按原厂规定不得大于 0.15 mm。

（5）对前轮驱动汽车的半轴总成（带两侧等角速万向节）还应进行以下作业内容。

①外端球笼式等角速万向节用手感检查应无径向间隙，否则应予更换。

②内侧三叉式万向节可沿轴向滑动，但应无明显的径向间隙感，否则换新零件。

③防尘套是否有老化破裂，卡箍是否有效可靠，若失效，则应换新零件。

任务实施

学习笔记

学生实训作业单

<table>
<tr><td colspan="2">项目 3　汽车传动系统检测维修
任务 4　半轴检测维修</td><td>总学时 16
实训学时：4</td></tr>
<tr><td>姓名：</td><td>学号：</td><td>班级：</td></tr>
<tr><td colspan="2">实训日期：</td><td>指导教师：</td></tr>
<tr><td colspan="3">任务要求：
通过该任务的实施，能够对半轴的常见故障进行诊断、分析并能给出维修建议</td></tr>
<tr><td colspan="3">一、安全操作及注意事项</td></tr>
<tr><td colspan="3"></td></tr>
<tr><td colspan="3">二、选用的工具</td></tr>
<tr><td colspan="3"></td></tr>
<tr><td colspan="3">三、资料、信息查询</td></tr>
<tr><td colspan="3">1. 半轴的作用、结构

2. 半轴常见的故障</td></tr>
</table>

续表

四、诊断步骤和检测结果

1. 故障现象

2. 诊断步骤

3. 检测结果

五、检测结果分析及维修建议

考核评价

"1+X"职业技能半轴检测维修 - 评分细则【中级】

项目3 汽车传动系统检测维修		日期:	
姓名:	班级:	学号:	指导教师签字:
自评 □熟练 □不熟练	互评 □熟练 □不熟练	师评 □熟练 □不熟练	
任务4 半轴检测维修			

序号	考核要点	评分标准	分值	评分要求	自评	互评	师评
1	准备/7S管理	1. 能进行工位7S操作； 2. 能进行设备和工具安全检查； 3. 能进行车辆安全防护工作； 4. 能进行工具清洁校准存放操作； 5. 能进行三不落地操作	15	未完成1项扣3分，扣分不得超过15分			
2	专业技能能力	1. 能正确检测半轴径向圆跳动； 2. 能正确检测半轴端面圆跳动	50	未完成1项扣3分，扣分不得超过50分			
3	工具及设备的使用能力	1. 能正确使用维修工具； 2. 能正确使用百分表	10	未完成1项酌情扣1～3分，扣分不得超过10分			
4	资料、信息查询能力	1. 能正确使用维修手册查询资料； 2. 能在规定时间内查询所需资料； 3. 能正确记录所查询资料的章节及页码； 4. 能正确记录所需维修信息	10	未完成1项酌情扣1～3分，扣分不得超过10分			
5	数据判读和分析的能力	1. 能判断半轴是否有隐伤； 2. 能判断半轴半键是否正常	10	未完成1项酌情扣1～5分，扣分不得超过10分			
6	表单填写与报告的撰写能力	1. 字迹清晰； 2. 语句通顺； 3. 无错别字； 4. 无涂改； 5. 无抄袭	5	未完成1项扣1分，扣分不得超过5分			
		得分					
		总分					

学习笔记

项目 4

差速器检测维修

任务导读

一辆汽车在一次事故中被高速行驶的汽车侧面撞到了左前部,经过维修人员的拆解发现差速器壳体有裂纹,半轴在转动过程中有卡滞现象。

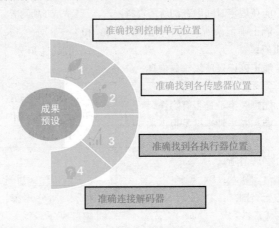

项目 4 >>>> 差速器检测维修

 学习目标

知识要求	技能要求
1. 掌握差速器总成拆卸、更换方法； 2. 了解差速器行星齿轮、齿轮轴、半轴齿轮、止推垫圈和壳体测量和更换流程； 3. 掌握差速器半轴轴承更换方法； 4. 掌握差速器的壳体检查方法； 5. 掌握差速器壳体的跳动量标准及测量方法； 6. 掌握桥壳和通气孔检查方法	1. 能够拆卸、更换差速器总成； 2. 能够检查、测量、调整和更换差速器行星齿轮、齿轮轴、半轴齿轮、止推垫圈和壳体； 3. 能够检查和更换差速器半轴轴承； 4. 能够检查差速器的壳体有无泄漏、变形； 5. 能够测量差速器壳体的跳动量，确认维修项目； 6. 能够检查桥壳和通气孔，确认维修项目

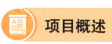 项目概述

如果汽车驱动桥的两侧驱动轮刚性连接，则两侧车轮只能以相同的转速旋转。当汽车转弯时，内侧车轮行程比外侧车轮短，此时外侧车轮必然是边滚动边滑移，内侧车轮必然是边滚动边滑转。即使汽车在直线行驶时，也会由于左右车轮行驶路面凸凹状态不同、轮胎尺寸误差及气压不同等原因，而发生类似的滑移、滑转现象，将使汽车转向困难，轮胎磨损加剧，行驶阻力增大，动力消耗增加。

为了消除上述不良现象，汽车左、右两侧驱动轮分别通过左、右半轴驱动，中间安装差速器。

 任务 差速器壳体总成检测维修

 知识准备

一、差速器

1. 差速器的作用与分类

差速器的作用就是在向两半轴传递动力时，允许两半轴以不同转速旋转，以满足两驱动轮不等路程行驶的需要，如图 4-1-1 所示。

· 231 ·

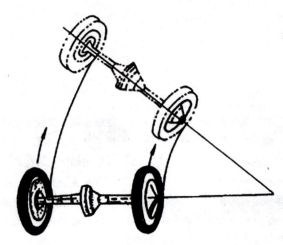

图 4-1-1　汽车转向时驱动轮运动示意

差速器按其工作特性不同，可分为普通差速器和防滑差速器两大类。

2. 差速器的结构组成

普通差速器中应用最为广泛的是对称式行星锥齿轮差速器。它主要由 4 个圆锥行星齿轮、十字轴、两个圆锥半轴齿轮和差速器壳等组成，如图 4-1-2 所示。

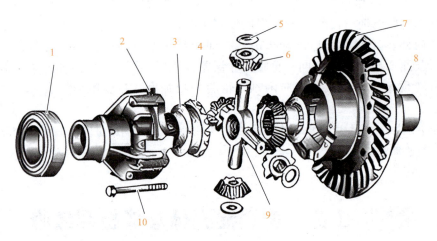

图 4-1-2　差速器的结构

1—轴承；2、8—差速器壳；3、5—调整垫片；4—半轴齿轮；6—行星齿轮；
7—从动锥齿轮；9—行星齿轮十字轴

某些轻型车和轿车因传递的转矩较小，只用两个行星齿轮，因而其行星齿轮轴相应为一根带锁止销的直轴。如图 4-1-3 所示为桑塔纳 2000 轿车对称式锥齿轮差速器。

3. 差速器的工作原理

（1）当汽车直线行驶时，只要左右驱动轮所处路面状况相同，则左右驱动轮受到的路面阻力相等，行星齿轮在其轴上不会发生自转，而是在差速器壳、行星齿轮轴带动下，以相同的转矩，同时带动左、右半轴齿轮，使左右驱动轮以与差速器壳相同的转速滚动，此时差速器不起差速作用。

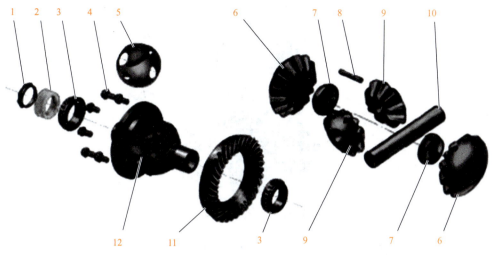

图 4-1-3　桑塔纳 2000 轿车对称式锥齿轮差速器

1—车速表齿轮锁紧套筒；2—车速表齿轮；3—圆锥滚子轴承；4—螺栓；5—复合式推力垫片；
6—半轴齿轮；7—螺纹套；8—止动销；9—行星齿轮；10—行星齿轮轴；11—主减速器从动锥齿轮；
12—差速器壳

（2）当汽车右转弯时，道路将要求右侧车轮应该滚慢些，左侧车轮应该滚快些。在差速器起差速作用以前，右侧车轮有滑转趋势，即受到路面阻力大些，左侧车轮有滑移趋势，受到路面阻力小些。这时，行星齿轮在绕半轴线公转的同时又绕自身轴线自转，从而使右侧半轴齿轮转速减慢，左侧半轴齿轮转速加快。结果使左轮转速比右轮快，此时差速器起差速作用。

4. 防滑差速器

为了提高汽车在不良路面上的通行能力，可采用各种形式的防滑差速器。

防滑差速器可分为人工强制锁止式和自锁式两大类。

（1）人工强制锁止式差速器。人工强制锁止式差速器是在普通差速器上加了一个差速锁，差速锁由接合器及其操纵装置组成。当一侧驱动轮滑转时，可利用差速锁使差速器不起差速作用。

（2）自锁式差速器。自锁式差速器的种类很多，有摩擦片式、滑块凸轮式和变传动式等。它们的特点是在两驱动轮（轮间差速器）或两驱动桥（轴间差速器）转速不同时，自动为转速慢的车轮多分配一些转矩，从而提高汽车的通过性和操纵的稳定性。自锁式差速器又有如下几类：

①摩擦片式自锁差速器。如图 4-1-4 所示，主、从动摩擦片安装于半轴齿轮与差速器壳之间。主动摩擦片与差速器壳连接，从动摩擦片与半轴齿轮花键啮合，弓形预加载弹簧安装于两个半轴之间。弹簧作用使主、从动摩擦片经常处于压紧状态。当汽车直线行驶，两半轴无转速差时，转矩平均分配给两半轴，此时转矩经两条路线传

给半轴：一路经行星齿轮轴、行星齿轮和半轴齿轮将大部分转矩分给半轴；另一路则由差速器壳经主、从动摩擦片传给半轴。

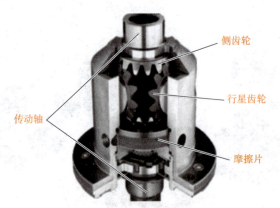

图 4-1-4　摩擦片式自锁差速器

当一侧车轮在路面上滑转或汽车转弯时，行星齿轮自转，起差速作用，左、右半轴齿轮转速不等。由于转速差的存在和压紧力的作用，主、从动摩擦片间在滑转的同时产生摩擦力矩。而摩擦力矩的方向与快转半轴的旋向相反，与慢转半轴的旋向相同。在较大数值内摩擦力矩的作用下，使慢转半轴传递的转矩明显增加。

②托森差速器。托森差速器是一种新型的自锁式轴间差速器，如图 4-1-5 所示。它是将普通差速器的齿轮改成蜗轮蜗杆，而安装位置和形式不变，借由蜗轮蜗杆传动的自锁功能来实现防滑功能。蜗杆可以向蜗轮传递转矩，而蜗轮向蜗杆施以转矩时，齿间摩擦力大于所传递的转矩而无法旋转。

图 4-1-5　托森差速器

③中央防滑差速器。中央防滑差速器具有转矩感应能力，根据驱动的转矩情况

能够立即自动改变前后转矩的分配，以防止打滑，也能够确保加速和高速行驶时的稳定性。

④黏性耦合式差速器。黏性耦合式差速器是由多个离合器片组成的，透过硅油的喷入，使左右轮胎产生回转差，再利用硅油的黏性做锁定。由于黏性耦合式差速器传递转矩柔和平稳，差速响应快，因此它被广泛用于驱动桥的轴间差速系统，当作轴间差速器，使全轮驱动轿车的性能大幅提高。

二、差速器的检修与调整

差速器解体时，应做左、右差速器壳及十字轴的相对安装位置标记。各行星齿轮与其对应的止推垫片应相对摆放，半轴齿轮及与其对应的止推垫片应左右分开摆放。

（1）差速器壳的检修。差速器不允许有裂纹存在，壳体与行星齿轮半轴齿轮垫片的接触面应光滑无沟槽，十字轴承孔磨损不得大于 0.10 mm，半轴齿轮轴承孔磨损不得大于 0.10 mm，否则应更换差速器壳体。

（2）差速器十字轴的检修。十字轴不允许有裂纹存在；与行星齿轮配合的轴颈，不得有大于工作面 25% 的表面剥落，磨损极限一般为 0.08 mm；与差速器壳配合的轴颈，磨损极限一般为 0.12 mm，否则应更换十字轴。

（3）差速器齿轮的检修。半轴齿轮和行星齿轮的齿面剥落不得超过齿长的 1/10 和齿高的 1/5。若上述耗损不超过 2 个齿，且 2 个齿又不相邻，可修磨平滑后继续使用，否则应更换齿轮。半轴齿轮轴颈磨损超过 0.15 mm，花键键侧呈阶梯形磨损时，应更换半轴齿轮。行星齿轮轴承孔磨损不得超过 0.12 mm，否则应更换行星齿轮。

（4）差速器总成的装配与调整。

①用压力机将轴承内圈压入左、右差速器壳的轴颈上。

②把左差速器壳放在工作台上，在与行星齿轮、半轴齿轮相配合的工作表面涂上机油，将半轴齿轮支承垫圈连同半轴齿轮一起装入，将已装好的行星齿轮及其支承垫圈的十字轴总成装入左差速器壳的十字槽中，并使行星齿轮与半轴齿轮啮合。

③在行星齿轮上装上右边的半轴齿轮、支承垫圈，将从动圆柱齿轮、差速器右壳合到左壳上，注意对准壳体上的标记，从右边向左装入螺栓，以规定的力矩拧紧螺母。

④检查半轴齿轮与支承垫片之间的间隙，此间隙应不大于 0.5 mm，若不符合要求，则应更换新的支承垫片。

⑤将调好的差速器总成装入主减速器壳中，装上两端的轴承外圈、轴承盖及调整螺母，通过调整螺母调整轴的预紧度，同时使两圆柱齿轮全长啮合。

（5）差速器的检修。

①若差速器产生裂纹，则应更换。

②差速器壳与行星齿轮、半轴齿轮垫片的接触面应光滑、无沟槽，如有小的沟槽可用砂纸打磨，并更换新的半轴齿轮垫片。

③行星齿轮、半轴齿轮不得有裂纹，工作表面不得有明显斑点、脱落和缺损。

④差速器壳体与轴承行星齿轮的配合应符合原厂规定。

任务实施

学生实训作业单

项目4 差速器检测维修		总学时：4
任务 差速器壳体总成检测维修		实训学时：4
姓名：	学号：	班级：
实训日期：		指导教师：

任务要求：
通过该任务的实施，能够对差速器总成的常见故障进行诊断、分析并能给出维修建议

一、安全操作及注意事项

二、选用的工具

三、资料、信息查询

1. 差速器的作用、结构

2. 差速器常见的故障

四、诊断步骤和检测结果

1. 故障现象

2. 诊断步骤

3. 检测结果

五、检测结果分析及维修建议

考核评价

"1+X"职业技能差速器检测维修 - 评分细则【中级】

项目4 差速器检测维修		日期:	
姓名:	班级:	学号:	指导教师签字:
自评 □熟练 □不熟练	互评 □熟练 □不熟练	师评 □熟练 □不熟练	

任务 差速器壳体总成检测维修							
序号	考核要点	评分标准	分值	评分要求	自评	互评	师评
1	准备/7S管理	1. 能进行工位 7S 操作； 2. 能进行设备和工具安全检查； 3. 能进行车辆安全防护工作； 4. 能进行工具清洁校准存放操作； 5. 能进行三不落地操作	15	未完成1项扣3分，扣分不得超过15分			
2	专业技能能力	作业1： 1. 能正确排放和加注后差速器油液； 2. 能正确拆装传动轴； 3. 能正确拆装后驱动轴与轮毂螺栓； 4. 能正确拆装后差速器总成； 5. 能正确拆装测量差速器齿轮间隙； 6. 能正确拆装调整差速器齿轮间隙 作业2： 1. 能正确分解和组装差速器壳体； 2. 能正确拆装锥齿轮； 3. 能正确拆装主减速器齿轮； 4. 能正确拆装差速器壳体； 5. 能正确清洗部件 作业3： 1. 能正确辅助拆装传动轴； 2. 能正确辅助拆装差速器总成； 3. 能正确查询螺栓扭力规格； 4. 能正确查询齿轮间隙规格； 5. 能正确查询拆装步骤	50	未完成1项扣3分，扣分不得超过50分			
3	工具及设备的使用能力	1. 能正确使用维修工具； 2. 能正确使用厚薄规	10	未完成1项酌情扣1~3分，扣分不得超过10分			

续表

序号	考核要点	评分标准	分值	评分要求	自评	互评	师评
4	资料、信息查询能力	1. 能正确使用维修手册查询资料； 2. 能在规定时间内查询所需资料； 3. 能正确记录所查询资料的章节及页码； 4. 能正确记录所需维修信息	10	未完成1项酌情扣1～3分，扣分不得超过10分			
5	数据判读和分析的能力	1. 能判断传动轴花键间隙； 2. 能判断行星齿轮的尺侧间隙	10	未完成1项酌情扣1～5分，扣分不得超过10分			
6	表单填写与报告的撰写能力	1. 字迹清晰； 2. 语句通顺； 3. 无错别字； 4. 无涂改； 5. 无抄袭	5	未完成1项扣1分，扣分不得超过5分			
		得分					
		总分					

参考文献

[1] 扶爱民.汽车发动机构造与维修[M].3版.北京：电子工业出版社，2012.
[2] 蒋瑞斌，黄敏雄.汽车发动机机械系统检修[M].北京：机械工业出版社，2014.
[3] 一汽大众汽车有限公司.捷达VA3维修手册，2021.
[4] 卢若珊.现代汽车电控系统故障诊断与检修[M].北京：国防工业出版社，2011.
[5] 张永栋，黄景鹏.汽车发动机电控系统检修[M].广州：广东高等教育出版社，2018.
[6] 周福林.汽车底盘构造与维修[M].4版.北京：人民交通出版社，2019.
[7] 张振东，齐欢宁，王宁.汽车底盘系统检修[M].3版.北京：高等教育出版社，2021.